AF275052

GRACIAS POR CONFIAR EN COLEX

Disfrute gratuitamente **DURANTE UN AÑO** de los eBook, audiolibros y Colex Copilot de las obras de Editorial Colex*

ACTIVA TU CÓDIGO PARA ACCEDER A LOS SERVICIOS

1. Accede a **www.colex.es**.
2. Inicia sesión o regístrate como usuario.
3. Dirígete al menú de usuario y haz clic en **«Mis códigos»**.
4. Introduce el siguiente código **(RASCA PARA VER EL CÓDIGO)**:

◆ Una vez se valide el código, aparecerá una ventana de confirmación y su eBook / audiolibro / Colex copilot estarán activos **durante 1 año desde su activación** en la pestaña «Mis libros» en el menú de usuario.

---

* Los audiolibros están disponibles en las ediciones más recientes de nuestras obras. Se excluyen expresamente las colecciones «Códigos comentados», «Biblioteca digital» y los productos de www.vademecumlegal. es. Colex Copilot únicamente está disponible en las ediciones más recientes de las colecciones «Paso a paso» y «Vademecum»,

No se admitirá la devolución si el código promocional ha sido manipulado y/o utilizado.

¡Gracias por confiar en nosotros!

La obra que acaba de adquirir incluye de forma gratuita la versión electrónica.

Acceda a nuestra página web para aprovechar todas las funcionalidades de las que dispone en nuestro lector.

FUNCIONALIDADES EBOOK

Acceso desde cualquier dispositivo con conexión a internet

Idéntica visualización a la edición de papel

Navegación intuitiva

Tamaño del texto adaptable

Síguenos en:

NUEVA FUNCIONALIDAD CON INTELIGENCIA ARTIFICIAL EN LOS LIBROS DE COLEX

| Una cortesía de Iberley.es |

En Colex damos un paso más en innovación jurídica. Desde ahora, las guías «Paso a paso» y los «Vademecum» incorporan una nueva funcionalidad basada en **inteligencia artificial**, gracias a la tecnología de **Iberley IA**.

El lector podrá interactuar directamente con el contenido del libro de forma inmediata, útil y centrada exclusivamente en su materia.

☑ ¿Qué puede hacer el usuario en el libro?

- 💬 Realizar preguntas sobre el contenido del libro.
- 📚 Solicitar explicaciones de artículos, conceptos o normativa.
- ☀ Utilizar un ChatBot inteligente, contextualizado y acoplado al contenido legal del libro.
- 💡 Resolver dudas puntuales mientras se estudia o trabaja con la obra.

☒ ¿Qué no puede hacer esta versión del ChatBot?

✗ No permite generar escritos jurídicos.

✗ No analiza ni responde documentos externos.

✗ No responde a consultas de otras materias distintas a la del libro.

Esta herramienta está pensada para enriquecer la experiencia de lectura y consulta del libro. Su uso es exclusivo sobre su contenido.

¿QUIERES IR MÁS ALLÁ? DESCUBRE IBERLEY IA

Si necesitas una **solución avanzada de inteligencia legal**, con cobertura total de materias y documentos, entra en **www.iberley.es** y accede a todas las funcionalidades profesionales:

CUADRO SIMBÓLICO DE FUNCIONALIDADES		
Funcionalidad	**En los libros Colex**	**En Iberley.es**
Preguntar sobre el contenido del libro	✓	✓
Solicitar explicaciones jurídicas	✓	✓
ChatBot integrado al contenido del libro	✓	✓
Consultas sobre otras materias	✗	✓
Análisis de documentos externos	✗	✓
Generación de escritos jurídicos	✗	✓
Traducción jurídica	✗	✓
Informes y resúmenes legales automáticos	✗	✓
Contratos, guías prácticas y emails para clientes	✗	✓
Estrategias judiciales y jurisprudencia instantánea	✗	✓

SUPUESTOS PRÁCTICOS

CÓMO EXTINGUIR UN CONTRATO EN EL SERVICIO DEL HOGAR FAMILIAR

Casos prácticos sobre el despido o la extinción
del contrato de empleados de hogar

SUPUESTOS PRÁCTICOS

CÓMO EXTINGUIR UN CONTRATO EN EL SERVICIO DEL HOGAR FAMILIAR

Casos prácticos sobre el despido o la extinción
del contrato de empleados de hogar

EDICIÓN 2026

Obra realizada por el Departamento de
Documentación de Iberley

COLEX 2026

© Editorial Colex, S.L.
Calle Costa Rica, número 5, 3.º B (local comercial)
A Coruña, C.P. 15004
info@colex.es
www.colex.es

I.S.B.N.: 979-13-7011-671-2
Depósito legal: C 387-2026

SUMARIO

0.
INTRODUCCIÓN

La extinción del contrato de las personas trabajadoras al servicio del hogar familiar se rige hoy por un esquema mixto: por un lado, el **régimen común del despido y de las restantes causas extintivas del Estatuto de los Trabajadores (ET)** y, por otro, las **peculiaridades específicas del artículo 11 del Real Decreto 1620/2011, de 14 de noviembre**, en la redacción dada por el **Real Decreto-ley 16/2022, de 6 de septiembre.**

Esta reforma ha supuesto un cambio sustancial del modelo extintivo tradicional en el empleo de hogar, con tres ideas clave:

- **Desaparición del desistimiento del empleador** (extinción sin causa y con indemnización reducida), sustituido por un sistema en el que toda decisión extintiva ha de **apoyarse en causa justificada o en una de las causas comunes del art. 49.1 del ET.**

- **Aplicación plena del régimen extintivo del ET** (despido disciplinario, extinción por causas objetivas, causas de resolución a instancia de la persona trabajadora, etc.), «salvo en lo que resulte incompatible» con el carácter especial de esta relación (art. 11.1 del RD 1620/2011).

- Configuración de un **bloque específico de causas justificadas de extinción** propias del hogar familiar (art. 11.2 del RD 1620/2011) con **indemnización reducida (12 días/año con límite de 6 mensualidades)** y un **régimen formal estricto**, cuyo incumplimiento desplaza automáticamente al **régimen general del despido del ET** (art. 11.3 del RD 1620/2011).

En este contexto, el «cómo» se extingue el contrato en el servicio del hogar familiar exige manejar, de manera coordinada, tres planos normativos:

- **Causas comunes de extinción del art. 49.1 del ET** (mutuo acuerdo, expiración del tiempo convenido, dimisión, muerte, jubilación o incapacidad de la persona trabajadora o de la empleadora, resolución a instancia de la persona trabajadora por incumplimiento grave del empleador, etc.), aplicables también en el hogar familiar.

- **Despedidos sometidos al ET** (disciplinarios u objetivos) con sus requisitos formales, su régimen de calificación (procedente, improcedente o nulo) y sus **indemnizaciones ordinarias** (20 días/año en los objetivos, 33 días/año con límite de 24 mensualidades en los improcedentes; art. 52, 53, 54, 55 y 56 del ET).

- **Causas específicas del art. 11.2 del RD 1620/2011** ligadas a la dinámica propia de la unidad familiar (disminución de ingresos o aumento de gastos sobrevenidos, modificación sustancial de las necesidades de la unidad familiar, o pérdida razonable y proporcionada de la confianza en la persona trabajadora), que permiten una **extinción justificada con indemnización reducida** siempre que se respeten las exigencias formales (escrito con expresión de la causa, puesta a disposición de la indemnización y preaviso).

El régimen formal cobra una relevancia decisiva tras el **Real Decreto-ley 16/2022**. El art. 11.3 del RD 1620/2011 establece que, si la persona empleadora **no cumple las exigencias de forma escrita de la comunicación de extinción o no pone a disposición la indemnización de 12 días/año** previstas para las causas del apartado 2, **se presumirá que ha optado por el despido sometido al ET**. Ello tiene consecuencias prácticas de enorme impacto:

- El conflicto pasa a enjuiciarse bajo el **régimen del despido disciplinario u objetivo del ET**, con la totalidad de sus garantías formales y sustantivas.

- Si el despido resulta **improcedente** (por ausencia o insuficiencia de causa, o por nuevos defectos formales), la indemnización será la **ordinaria de 33 días de salario por año de servicio, con el límite de 24 mensualidades** (art. 56.1 del ET), y no la reducida de 12 días/año propia del art. 11.2 del RD 1620/2011.

- La jurisprudencia reciente insiste en este criterio: si la extinción en el hogar se articula sin respetar las formas o la indemnización propias del art. 11.2, **se está ante un despido improcedente con 33 días/año**, como ha reiterado, entre otras, la **STSJ Madrid n.º 503/2025, de 22 de mayo, ECLI:ES:TS-JM:2025:6465**, respecto de un despido disciplinario comunicado sin causa por escrito.

Con este marco, el libro de casos prácticos «Cómo extinguir un contrato en el servicio del hogar familiar» se articula precisamente en torno a la aplicación combinada del **art. 11 del RD 1620/2011** y del **régimen extintivo del ET**:

- **Identificando correctamente la vía extintiva** adecuada en cada supuesto (causas comunes, causas específicas del hogar, despido disciplinario, extinción por voluntad de la trabajadora, etc.).

- **Detallando los requisitos formales imprescindibles** (contenido de la carta, preaviso, puesta a disposición de la indemnización, plazos, limitaciones horarias en empleadas internas).

- **Calculando las indemnizaciones** correspondientes en cada escenario (12 días/año; 20 días/año; 33 días/año) y sus límites.

- **Analizando las consecuencias de los defectos formales** (despido tácito, despido improcedente, eventual nulidad en supuestos de vulneración de derechos fundamentales, especialmente en casos de embarazo o discriminación).

- **Incorporando la doctrina judicial y las últimas resoluciones relevantes** que están moldeando en la práctica este nuevo régimen, con especial atención a la STS n.º 720/2024, de 22 de mayo, y a las sentencias de suplicación que aplican el art. 11 RD 1620/2011 modificado.

El objetivo de esta introducción es, por tanto, ofrecer una **visión sintética y sistemática del nuevo régimen extintivo** del empleo de hogar tras la reforma laboral 2021-2022, de forma que cada caso práctico del libro pueda ser leído y resuelto teniendo siempre presente esta **doble clave interpretativa**:

- ¿Estamos ante una causa común del ET, ante una de las **tres causas específicas del hogar familiar** del art. 11.2 RD 1620/2011, o ante un **despido disciplinario u objetivo** regulado en el ET?

- ¿Se han cumplido **todas las exigencias formales** (escrito con causa, indemnización simultánea, preaviso) que permiten mantenernos en el terreno de la extinción específica con 12 días/año, o, por el contrario, **debemos transitar al régimen general del despido del ET** con sus indemnizaciones de 20 o 33 días por año de servicio?

Sobre estas cuestiones pivota, en definitiva, la práctica diaria de la extinción o despido en la relación laboral especial del servicio del hogar familiar.

1.
RÉGIMEN GENERAL DE LA EXTINCIÓN EN LA RELACIÓN LABORAL ESPECIAL DEL HOGAR FAMILIAR

La relación laboral especial del servicio del hogar familiar, regulada por el Real Decreto 1620/2011, de 14 de noviembre, ha experimentado una profunda transformación desde la reforma operada por el Real Decreto-ley 16/2022, de 6 de septiembre. La eliminación de la figura del desistimiento libre, la configuración de un haz de causas específicas de extinción con indemnización reducida, la remisión reforzada al régimen general del Estatuto de los Trabajadores (ET) y la creciente intervención de la jurisprudencia han convertido el análisis de la extinción del contrato y del despido de las personas empleadas de hogar en un terreno técnico de notable complejidad.

Este volumen de casos prácticos aborda, desde una perspectiva aplicada, los principales supuestos de extinción o despido en esta relación laboral especial. Como introducción sistemática a su estudio, conviene perfilar los ejes normativos y jurisprudenciales esenciales que sirven de marco a los distintos casos: la tipología de causas extintivas, la forma y requisitos de la decisión empresarial, la determinación del salario regulador y la indemnización, así como la incidencia de las garantías reforzadas frente a la discriminación (embarazo, enfermedad, discapacidad) y a la vulneración de la garantía de indemnidad.

Los casos prácticos que integran este volumen permiten al lector:

- Comprender la **arquitectura normativa** de la extinción y el despido en la relación especial de empleados de hogar, así como sus conexiones con el régimen común del Estatuto de los Trabajadores.

- Visualizar, a través de supuestos reales o verosímiles, la **aplicación judicial** de los preceptos legales, las exigencias formales y los criterios de prueba.

- Analizar comparativamente las **consecuencias económicas** de una extinción ajustada al art. 11.2 del RD 1620/2011 y de un despido improcedente por defectos formales o por carencia de causa, cuantificando las diferencias indemnizatorias.

- Identificar los **puntos críticos** en los que se concentran los litigios: calificación de la extinción, antigüedad, salario regulador, causalidad de la decisión, protección reforzada por embarazo, enfermedad o reclamaciones previas.

Todo ello con una finalidad clara: proporcionar una herramienta de trabajo y reflexión que, sin perder el rigor técnico, facilite la toma de decisiones fundamentadas por parte de profesionales, asesores, empleadores domésticos y personas trabajadoras del hogar, en un ámbito donde la técnica jurídica se entrelaza de forma especialmente intensa con la realidad personal y familiar de las partes.

1.1. Remisión al Estatuto de los Trabajadores y especialidades propias

El art. 3 del Real Decreto 1620/2011, de 14 de noviembre, establece que la relación laboral especial del servicio del hogar familiar se rige, además de por sus normas específicas, por la legislación laboral común, en particular por el Estatuto de los Trabajadores (ET), en aquello que resulte compatible con las peculiaridades derivadas de su carácter especial.

En materia extintiva, el art. 11 del del RD 1620/2011 articula un **doble plano:**

- Por un lado, la aplicabilidad de las causas comunes del art. 49.1 del ET (mutuo acuerdo, expiración del tiempo convenido, dimisión, muerte o incapacidad del trabajador, jubilación, despido disciplinario u objetivo, etc.) con las modulaciones que exige la prestación de servicios en el hogar familiar.

- Por otro, la previsión de **causas específicas de extinción**, con un régimen formal e indemnizatorio propio, que diferencian esta relación especial de la común.

RESOLUCIONES RELEVANTES

STSJ del País Vasco, rec. 1015/2015, de 16 de junio, ECLI:ES:TSJPV:2015:2301

Se analiza un contrato de empleada de hogar en el que se había pactado que el contrato se «rescindiría»: por faltas graves del empleado; por fuerza mayor, como el fallecimiento de la titular; o en el caso de que la enfermedad de la empleadora precisara dos personas para su aseo personal, levantarse o salir a la calle, o bien si su enfermedad mental empeoraba de forma notoria.

La hija de la titular comunicó por escrito la extinción del contrato alegando la inminente entrada de la madre en residencia. La trabajadora demanda por despido improcedente. La Sala considera válida la cláusula resolutoria, al entender que vincula la extinción del contrato a un acontecimiento futuro incierto (empeoramiento de la enfermedad, necesidad de dos personas o fallecimiento), no contrario a la ley, la moral ni al orden público, y que no supone abuso de derecho manifiesto. Subraya que se trata de circunstancias ajenas al poder de decisión exclusivo de la empleadora y que no implican una extinción automática ni discrecional.

Un voto particular, sin embargo, denuncia el «renacimiento» de las tesis civilistas en el ámbito laboral, advirtiendo de que el art. 49.1.b) ET debe aplicarse de forma extraordinariamente restrictiva, más aún en el empleo doméstico, donde ya existían hasta 2022 mecanismos amplios de extinción a favor del empleador (desistimiento).

La crítica doctrinal a esta sentencia incide en que:

- El marco extintivo del empleo de hogar ya era amplio (y lo sigue siendo tras la reforma de 2022 con las nuevas causas justificadas del art. 11.2 RD 1620/2011), por lo que no se justifica añadir escapes adicionales sin las garantías propias de las causas legales.

- No deben admitirse cláusulas que, bajo apariencia de causa *ad hoc*, desplacen el régimen legal específico (por ejemplo, el previsto para las extinciones por causas justificadas con indemnización reducida o el despido disciplinario), empeorando la posición de la persona trabajadora.

CUESTIONES

1. ¿Cómo podrían pactarse causas concretas de extinción válidas en la relación laboral especial del servicio del hogar familiar?

En la redacción del contrato de servicio del hogar familiar, la inclusión de causas de extinción pactadas debe observar las siguientes pautas:

- **Claridad:** describir el hecho condicionante con precisión, evitando fórmulas vagas o remisiones genéricas a la voluntad de la parte empleadora.

- **Encaje jurídico:** comprobar que no se trata de un supuesto ya regulado (causas del art. 49 del ET, art. 11 del RD 1620/2011, despido disciplinario u objetivo).

- **Respeto a los mínimos legales:** no aminorar plazos de preaviso, cuantías indemnizatorias ni garantías de defensa de la persona trabajadora.

- **Buena fe:** evitar cláusulas que, en la práctica, sólo refuercen la posición de la empleadora sin contraprestación o mejora alguna para la persona trabajadora.

2. ¿Qué debe hacer la persona empleada de hogar si recibe una comunicación extintiva basada en una cláusula del contrato?

Resulta aconsejable:

- Analizar si la causa invocada coincide con alguna de las recogidas en el art. 11 del RD 1620/2011 o en el art. 49 del ET.

- Comprobar si se han respetado los requisitos de forma escrita, preaviso e indemnización.

- Valorar, con asesoramiento profesional, la posible **impugnación como despido** (ordinario o tácito) cuando la cláusula sea abusiva o encubra un régimen extintivo distinto al legal.

1.2. La desaparición del desistimiento libre y las nuevas causas específicas

El Real Decreto-ley 16/2022, de 6 de septiembre, ha suprimido la figura clásica del desistimiento ad nutum del empleador (art. 11.3 del RD 1620/2011), que permitía la extinción unilateral sin expresión de causa mediante el pago de una indemnización tasada. Su lugar lo ocupan ahora causas tasadas de extinción específicas, sujetas a un control causal y formal más estricto.

Tras la reforma, el art. 11.2 del RD 1620/2011 contempla tres causas justificadas de extinción, con indemnización reducida de **12 días de salario por año de servicio, con el límite de seis mensualidades**:

- **Disminución de los ingresos de la unidad familiar o incremento de sus gastos por circunstancia sobrevenida** (art. 11.2.a): pérdida de empleo del empleador, reducción de retribuciones, aparición de nuevos gastos significativos (por ejemplo, ingreso en residencia, tratamientos médicos o educativos de hijos, etc.). La jurisprudencia (entre otras, STSJ País Vasco n.º 2538/2025, de 26 de noviembre; STSJ Asturias n.º 1557/2024, de 8 de octubre) viene exigiendo que la disminución o el incremento sean reales y objetivables, sin requerir una insolvencia total, pero sí una alteración económica relevante y sobrevenida.

- **Modificación sustancial de las necesidades de la unidad familiar** que justifica prescindir de la persona trabajadora (art. 11.2.b): ingreso estable en residencia de la persona empleadora (STSJ Galicia n.º 4786/2025, de 23 de octubre), cambio de situación personal que elimina la necesidad de servicio (jubilación con mayor disponibilidad para asumir tareas domésticas: STSJ Asturias n.º 1557/2024), etc.

- **Comportamiento de la persona trabajadora que fundamenta de manera razonable y proporcionada la pérdida de confianza** de la persona empleadora (art. 11.2.c): incumplimientos graves relacionados con el ámbito doméstico y la especial intimidad y confianza de esta relación (introducción de terceros en el domicilio sin autorización, conductas que afectan a la seguridad de menores o personas dependientes, ocultación de la caducidad del permiso de trabajo, etc.). La jurisprudencia reciente (STS n.º 692/2022, de 22 de julio; STSJ País Vasco n.º 1179/2025, de 13 de mayo; SJS Oviedo n.º 183/2023, de 30 de junio) ofrece ejemplos significativos de supuestos en los que se aprecia pérdida de confianza procedente.

Estas causas específicas se sitúan en un terreno intermedio entre el despido objetivo del art. 52 del ET y el antiguo desistimiento, combinando un cierto margen de apreciación para el empleador con la exigencia de una justificación razonable, proporcionada y acreditable.

2.
FORMA DE LA COMUNICACIÓN EXTINTIVA Y CONSECUENCIAS DEL INCUMPLIMIENTO

2.1. Exigencias formales del art. 11.2 del RD 1620/2011

El art. 11.2 del RD 1620/2011, tras la reforma de 2022, refuerza claramente las exigencias formales de la decisión extintiva. La extinción por estas causas se producirá con arreglo a una serie de **nuevas obligaciones:**

- **Comunicación por escrito:** debiendo constar la voluntad de la persona empleadora de dar por finalizada la relación laboral y la causa.

- **Indemnización:** en cuantía equivalente al salario correspondiente a **12 días por año de servicio con el límite de seis mensualidades.** Simultáneamente a la comunicación de la extinción, la persona empleadora deberá poner a disposición de la persona trabajadora la indemnización.

- **Preaviso:** en el caso de que la prestación de servicios hubiera superado la duración de un año, la persona empleadora deberá conceder un plazo de preaviso cuya duración, computada desde que se comunique a la persona trabajadora la decisión de extinción, habrá de ser, como mínimo, de **20 días.** En los demás supuestos el preaviso será de **7 días.**

- **Licencia con el fin de buscar nuevo empleo o su abono:** durante el período de preaviso, la persona que preste servicios a jornada completa tendrá derecho, sin pérdida de su retribución, a una licencia de seis horas semanales con el fin de buscar nuevo empleo. La persona empleadora podrá sustituir el preaviso por una indemnización equivalente a los salarios de dicho período.

- **Limitación horaria de despido en caso de empleado en régimen interno:** la decisión extintiva no podrá llevarse a cabo respecto de la empleada o empleado interno entre las 17:00 horas y las 8:00 horas del día siguiente, salvo que la extinción del contrato esté motivada por falta muy grave a los deberes de lealtad y confianza.

A TENER EN CUENTA. Si la persona empleadora no comunica la extinción por escrito, o lo hace por escrito pero sin causa clara, inequívoca y suficientemente concreta, o no pone a disposición de la persona trabajadora la indemnización de 12 días/año en el momento de la comunicación, la extinción se reconfigura automáticamente como un despido sometido al régimen del ET (disciplinario u objetivo), que, en ausencia de justificación adecuada, será calificado normalmente como despido improcedente, con derecho a la indemnización de 33 días/año (máx. 24 mensualidades) o readmisión, según la opción de la persona empleadora. El art. 11.3 del RD 1620/2011, es la pieza clave del régimen formal de extinción en el servicio del hogar familiar y será citado en múltiples casos prácticos.

A modo esquemático:

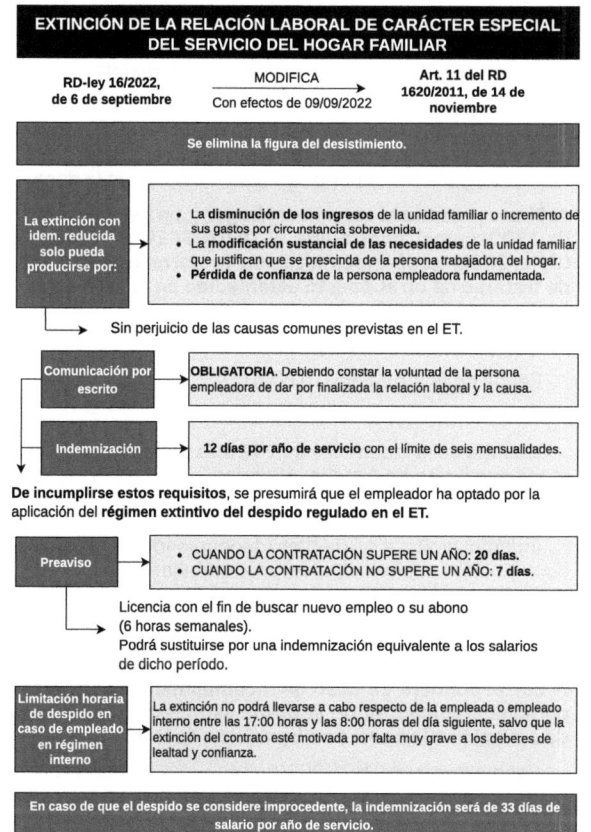

EXTINCIÓN DE LA RELACIÓN LABORAL DE CARÁCTER ESPECIAL DEL SERVICIO DEL HOGAR FAMILIAR

RD-ley 16/2022, de 6 de septiembre — MODIFICA Con efectos de 09/09/2022 → Art. 11 del RD 1620/2011, de 14 de noviembre

Se elimina la figura del desistimiento.

La extinción con idem. reducida solo pueda producirse por:
- La **disminución de los ingresos** de la unidad familiar o incremento de sus gastos por circunstancia sobrevenida.
- La **modificación sustancial de las necesidades** de la unidad familiar que justifican que se prescinda de la persona trabajadora del hogar.
- **Pérdida de confianza** de la persona empleadora fundamentada.

→ Sin perjuicio de las causas comunes previstas en el ET.

Comunicación por escrito → **OBLIGATORIA.** Debiendo constar la voluntad de la persona empleadora de dar por finalizada la relación laboral y la causa.

Indemnización → **12 días por año de servicio** con el límite de seis mensualidades.

De incumplirse estos requisitos, se presumirá que el empleador ha optado por la aplicación del **régimen extintivo del despido regulado en el ET.**

Preaviso →
- CUANDO LA CONTRATACIÓN SUPERE UN AÑO: **20 días.**
- CUANDO LA CONTRATACIÓN NO SUPERE UN AÑO: **7 días.**

→ Licencia con el fin de buscar nuevo empleo o su abono (6 horas semanales). Podrá sustituirse por una indemnización equivalente a los salarios de dicho período.

Limitación horaria de despido en caso de empleado en régimen interno → La extinción no podrá llevarse a cabo respecto de la empleada o empleado interno entre las 17:00 horas y las 8:00 horas del día siguiente, salvo que la extinción del contrato esté motivada por falta muy grave a los deberes de lealtad y confianza.

En caso de que el despido se considere improcedente, la indemnización será de 33 días de salario por año de servicio.

CUESTIONES

1. La extinción por otras causas justificadas con indemnización reducida, ¿ha sustituido al desistimiento por parte de la persona empleadora?

Con anterioridad a la reforma operada en el año 2022 la extinción del contrato por desistimiento del empleador se aplicaba sin justificación y sujeta a una indemnización inferior. Actualmente, la persona empleadora debe justificar una de las tres posibilidades establecidas por la norma para poder extinguir la relación laboral con derecho a indemnización reducida.

2. ¿Un empleado de hogar puede reclamar judicialmente el despido?

Sí. Corresponderá a los órganos jurisdiccionales del orden social el conocimiento de los conflictos que surjan como consecuencia de la aplicación de la normativa reguladora de la relación laboral de carácter especial del servicio del hogar familiar, de acuerdo con lo dispuesto en el art. 2 de la LRJS.

3. ¿Qué salario debe tomarse para el cálculo de la indemnización por despido? ¿Y en caso de reclamación judicial?

En la actualidad no existen tablas salariales que regulen el salario mínimo de las personas empleadas de hogar, siendo éste el SMI, con arreglo a lo dispuesto en el art. 8 del RD 1620/11, si bien, siendo éste superior se estará al fijado en la demanda.

4. Si una persona al servicio de hogar (con salario de 12 pagas de 1300 euros) contratada el 01/01/2020 es despedida el 01/12/2022, ¿qué indemnización le corresponderá en caso de tratarse de un supuesto establecido en el art. 11.2 del Real Decreto 1620/2011?

Fecha de inicio: 01/01/2020.

Fecha de finalización: 01/12/2022.

Ha trabajado un total de 3 años.

Cuantía de la indemnización: **12 días por año de servicio, teniendo un límite de 6 mensualidades.**

Salario diario: 1.300/30= 43,34 euros/día.

Indemnización = n.º de días (dependiendo del tipo de despido/extinción) x salario diario x años trabajados.

12 x 43,34 x 3 = **1.560,24 euros.**

5. Si una persona al servicio de hogar contratada el 01/01/2020 es despedida el 01/12/2022, ¿qué indemnización le corresponderá en caso de incumplimiento por parte de la persona empleadora de la forma escrita de la comunicación de extinción o la puesta a disposición de la indemnización?

Fecha de inicio: 01/01/2020.

Fecha de finalización: 01/12/2022.

Ha trabajado un total de 3 años.

Cuantía de la indemnización: **33 días de salario por año de servicio, teniendo un límite de 24 mensualidades.**

Salario diario: 1.300/30= 43,34 euros/día.

Indemnización = n.º de días (dependiendo del tipo de despido/extinción) x salario diario x años trabajados.

33 x 43,34 x 3= **4.290,66 euros.**

JURISPRUDENCIA

STS n.º 720/2024, de 22 de mayo de 2024, ECLI:ES:TS:2024:2899

«De conformidad con la redacción aplicable por razones temporales del RD 1620/2021, y en lo que aquí interesa reseñar, la relación laboral de carácter especial del servicio del hogar

familiar se podía extinguir por desistimiento del empleador, debiéndose poner a disposición del trabajador la indemnización preceptiva (artículo 11.3 RD 1620/2021). Si, entre otros supuestos, el empleador no ponía a disposición del trabajador la citada indemnización preceptiva, se presumía que el empleador había optado por el despido y no por el desistimiento, con las correspondientes consecuencias (artículo 11.4 RD, párrafo primero, 1620/2021). Ahora bien, el "error excusable" en el cálculo de la indemnización "no supondrá que el empleador ha optado por el despido" (artículo 11.4, párrafo segundo, RD 1620/2021)».

2.2. La presunción del art. 11.3 del RD 1620/2011 y la conexión con el despido improcedente

El apartado 3 del art. 11 del RD 1620/2011 dispone que, «*de incumplirse los requisitos relativos a la forma escrita de la comunicación de extinción o la puesta a disposición de la indemnización*», se presumirá que la persona empleadora ha optado por la aplicación del **régimen extintivo del despido regulado en el ET**. Esta presunción no se activa cuando el defecto se limita a la falta de preaviso o a un error excusable en el cálculo de la indemnización.

La consecuencia práctica es decisiva:

- Si la extinción carece de carta escrita o esta es genérica (se limita a reproducir las fórmulas legales sin concreción fáctica), o no se pone a disposición la indemnización, la decisión se desvincula del régimen del art. 11.2 y se somete al **despido disciplinario u objetivo** del ET.

- En la mayoría de los casos analizados por la jurisprudencia social (STSJ Comunidad Valenciana n.º 2970/2025, de 11 de noviembre; STSJ Madrid n.º 503/2025, de 22 de mayo; STSJ Andalucía n.º 2566/2025, de 14 de noviembre), la ausencia de causa acreditada o el incumplimiento de la forma ha conducido a la declaración de **despido improcedente**, con la indemnización de 33 días de salario por año de servicio (art. 56 del ET), muy superior a los 12 días del art. 11.2.

En términos prácticos, el mal diseño o la deficiente formalización de la extinción convierten a menudo una posible indemnización reducida en una condena a la indemnización plena del despido improcedente (como ilustran múltiples casos prácticos incluidos en este libro: extinciones sin carta, con causas genéricas, sin indemnización simultánea o con errores no excusables en su cálculo).

3.
DETERMINACIÓN DEL SALARIO REGULADOR E INDEMNIZACIONES

3.1. Componentes salariales en el servicio del hogar familiar

El cálculo de la indemnización por despido (sea disciplinario u objetivo, procedente o improcedente) exige fijar previamente el **salario regulador**, que en la relación especial de empleados de hogar incluye, con carácter general (arts. 8 RD 1620/2011 y 26 ET):

- **Salario base en dinero**, no inferior al SMI proporcional a la jornada.

- **Prorrata de pagas extraordinarias**: dos al año, salvo prorrateo mensual.

- **Retribución pactada de los tiempos de presencia**, cuando existan y estén cuantificados, con módulo no inferior a la hora ordinaria (arts. 5.4 y 9.2 RD 1620/2011). La jurisprudencia (por ejemplo, SJS Terrassa n.º 502/2014; STSJ Asturias n.º 112/2025) ha considerado estos importes como salario plenamente integrado en la base reguladora.

- **Salario en especie** (alojamiento, manutención), pactado y valorado, con el límite del 30 % del salario total y respecto íntegro del SMI en metálico.

El salario diario suele obtenerse dividiendo la remuneración anual entre 365 días o, en su defecto, el salario mensual entre 30 días, según el criterio judicial aplicado en cada caso práctico.

1. Salario en especie: manutención y alojamiento

Conforme al art. 11.2 del RD 1620/2011, de 14 de noviembre, la indemnización por despido improcedente en la relación laboral especial del servicio del hogar familiar se calcula sobre la retribución total pactada, lo que implica:

- Incluir **tanto** el salario en metálico **como** el valor de la manutención y/o alojamiento pactados como retribución en especie.

- Garantizar en todo caso que la parte en metálico, a jornada completa, sea al menos igual al SMI mensual (art. 8.2 del RD 1620/2011).

En consecuencia, a efectos indemnizatorios:

- Si se ha pactado que un porcentaje del salario se satisfaga en concepto de manutención y/o alojamiento, el salario regulador será la suma del salario en metálico y el valor de esa retribución en especie.

- El salario «indemnizatorio» puede ser superior al efectivamente percibido en metálico.

2. Cálculo del salario regulador en contratos por horas

Cuando la relación laboral especial se presta **a tiempo parcial** o mediante contrato de trabajo por horas, el salario regulador se determina a partir de la retribución por hora:

- Se multiplica el salario por hora por el número de horas semanales pactadas y por el número de semanas efectivamente trabajadas al año.

- El resultado anual se divide entre 365 (o 366) para obtener el salario diario.

‖ 3. Cómputo del tiempo de servicios

La indemnización por desistimiento también se calcula en función de los años trabajados (art. 11.3 del RD 1620/2011), aplicándose el mismo criterio de prorrateo mensual que en el despido improcedente:

- Los períodos inferiores al año se prorratean por meses.

- Las fracciones de mes se redondean al mes completo.

3.2. Indemnización por extinción específica y por despido

En función de la vía extintiva y de la corrección formal:

1. Extinciones por causas del art. 49.1 del ET (aplicables por remisión del art. 11.1 del RD 1620/2011)

Tipo / motivo de extinción (art. 49.1 ET)	Indemnización (régimen general ET)	Condiciones según RD 1620/2011
Mutuo acuerdo de las partes	La que se pacte (si se pacta)	Debe respetar límites legales; se rige por normativa común, salvo lo incompatible con el carácter especial (art. 11.1).
Causas válidamente consignadas en el contrato	La que resulte de la cláusula y normativa común	Deben ser causas lícitas, no discriminatorias y respetar la normativa laboral común (art. 11.1).
Expiración del tiempo convenido o realización de la obra/servicio	La prevista en ET para temporales (salvo normas especiales)	Aplicación supletoria de la normativa laboral común (art. 11.1).
Dimisión (baja voluntaria) de la persona trabajadora	Sin derecho a indemnización	Debe respetar el preaviso pactado. El incumplimiento grave y culpable de los deberes del empleador es justa causa de dimisión (art. 7.2).
Muerte, jubilación o incapacidad de la persona trabajadora	Según ET (habitualmente sin indemnización salvo previsión específica)	Se aplica normativa común, salvo incompatibilidades (art. 11.1).
Muerte, jubilación o incapacidad del empleador (personales)	Indemnización prevista en ET (1 mes de salario) y normativa específica para esta causa.	Se rige por ET como causa de extinción salvo continuidad en el hogar para otro titular o herederos (art. 11.1, remisión al art. 49.1).
Despido disciplinario	Sin indemnización si es procedente; 33 días/año (lím. 24 mensualidades) si improcedente; salarios de tramitación solo en supuestos tasados	Se aplica el régimen extintivo del despido del ET cuando proceda, especialmente si no se cumplen las exigencias formales de la extinción por causas del art. 11.2 (art. 11.3, párr. 1).
Despido objetivo (económico, técnico, organizativo, etc. del ET)	20 días/año (lím. 12 mensualidades), más preaviso de 15 días (régimen general ET)	Aplica normativa laboral común (art. 11.1), siempre que sea compatible con la especialidad de la relación.

2. Extinción por causas específicas del servicio del hogar familiar (art. 11.2 del RD 1620/2011)

En su redacción vigente del art. 11.2 del RD 1620/2011 establece que en los supuestos de extinción por causas justificadas el empleador deberá abonar a la persona trabajadora: *«una indemnización, en cuantía equivalente al salario correspondiente a **doce días por año de servicio con el límite de seis mensualidades**»*.

Desde el punto de vista cuantitativo, se trata de la misma fórmula que regía anteriormente para el desistimiento en contratos posteriores al 18-11-2011, de manera que su cálculo se realiza como sigue:

Indemnización por extinción por causas justificadas = salario diario × número de meses de servicio

- Se prorratea por meses el tiempo de servicios, con redondeo de fracciones de mes a mes completo.
- El salario regulador se determina según las reglas generales (incluyendo salario en especie).
- El límite máximo es de **seis mensualidades** de salario, es decir, 180 días de salario.

Estas causas son propias de la relación especial y sólo son válidas si están justificadas:

Causa específica (art. 11.2)	Indemnización	Condiciones y requisitos formales
a) Disminución de ingresos de la unidad familiar o incremento de sus gastos por circunstancia sobrevenida	12 días de salario por año de servicio, con límite de 6 mensualidades (art. 11.2, párr. 4)	Debe estar justificada. Extinción por decisión del empleador. Obligatoria comunicación por escrito, con expresión clara de la voluntad extintiva y de la causa (art. 11.2). Se exige preaviso (20 días si la prestación > 1 año; 7 días en los demás casos). Derecho a 6 horas semanales retribuidas para buscar empleo durante el preaviso en jornada completa. El empleador puede sustituir el preaviso por salarios equivalentes (art. 11.2). La indemnización debe ponerse a disposición simultáneamente a la comunicación escrita (art. 11.2).

b) Modificación sustancial de las necesidades de la unidad familiar que justifican prescindir de la persona trabajadora del hogar	12 días de salario por año de servicio, con límite de 6 mensualidades (art. 11.2)	Igual régimen que en la letra a): causa debe estar justificada; comunicación escrita con indicación expresa de la causa; entrega simultánea de indemnización; preaviso (20 o 7 días); derecho a 6 horas semanales retribuidas para buscar empleo en jornada completa; posibilidad de sustituir preaviso por salarios (art. 11.2).
c) Comportamiento de la persona trabajadora que fundamente de manera razonable y proporcionada la pérdida de confianza de la persona empleadora	12 días de salario por año de servicio, con límite de 6 mensualidades (art. 11.2)	Debe existir un comportamiento que justifique razonable y proporcionalmente la pérdida de confianza. Misma exigencia de forma escrita, indicación de causa, entrega simultánea de indemnización, preaviso (20 o 7 días) y derecho a 6 horas semanales para buscar empleo (art. 11.2). La decisión extintiva respecto de empleados internos no puede ejecutarse entre las 17:00 y las 8:00 del día siguiente, salvo falta muy grave de lealtad y confianza (art. 11.4).

‖ Importante sobre el incumplimiento de requisitos formales (art. 11.3 del RD 1620/2011)

Cuando la extinción se lleva a cabo después del 9-9-2022 sin respetar las **exigencias formales** previstas en el art. 11 del RD 1620/2011 en su redacción vigente —fundamentalmente: falta de comunicación escrita; ausencia de expresión de la causa justificativa cuando sea exigible; no puesta a disposición de la indemnización legal en el momento de la comunicación de extinción—, la persona trabajadora tiene derecho a la **indemnización prevista para el despido improcedente en la relación laboral ordinaria** regulada en el Estatuto de los Trabajadores.

Ello implica, de acuerdo con el régimen general del art. 56 del ET:

- La aplicación del módulo indemnizatorio propio del despido improcedente en la relación común (generalmente, 33/45 días de salario por año de servicio con sus respectivos topes), computado sobre el salario regulador del empleado de hogar.

- La necesidad de respetar los criterios jurisprudenciales sobre cálculo del tiempo de servicios (años y meses, prorrateo, divisor 365/366, etc.).

Supuesto	Consecuencia jurídica
Falta de forma escrita en la comunicación de la extinción o no puesta a disposición de la indemnización prevista en el art. 11.2	Se presume que el empleador ha optado por el régimen extintivo del despido regulado en el Estatuto de los Trabajadores (art. 11.3, párr. 1).
No concesión de preaviso o error excusable en cálculo de la indemnización	No opera la presunción anterior. El empleador sigue obligado a abonar los salarios del periodo de preaviso no disfrutado y/o completar la indemnización en la cuantía correcta (art. 11.3, párr. 2).

Limitación temporal en empleados/as internos (art. 11.4 del RD 1620/2011)

Situación	Regla
Extinción decidida respecto de empleado/a interno/a	No puede ejecutarse entre las 17:00 y las 8:00 horas del día siguiente, salvo que la causa sea una falta muy grave a los deberes de lealtad y confianza (art. 11.4).

3. Otras situaciones relevantes relacionadas con la extinción

Supuesto relacionado	Indemnización	Condiciones
Cambio de titular del hogar familiar (subrogación) (art. 10.1)	No hay extinción si hay continuidad: se presume conservación del contrato si se sigue prestando servicios 7 días en el mismo domicilio tras el cambio de titular	Solo hay subrogación si hay acuerdo; se presume acuerdo si se sigue trabajando 7 días tras el cambio (art. 10.1).

Traslado del hogar familiar a otra localidad (art. 10.2)	Si el empleador desiste (usa la extinción por causas del art. 11.2), se aplica indemnización de 12 días/año (lím. 6 meses) y resto de requisitos; si es el trabajador quien decide no continuar, tiene derecho a esa misma indemnización (art. 10.2)	Se presume conservación del contrato si se sigue prestando servicios 7 días en el nuevo domicilio. Si el traslado es temporal puede acordarse la suspensión del contrato. Si el empleador opta por la extinción, debe hacerla por escrito y se aplican reglas del art. 11.3. Si es el trabajador quien opta por no seguir, debe comunicarlo y tiene derecho a la indemnización prevista en el párrafo tercero del art. 11.3 (es decir, la de 12 días/año con límite 6 mensualidades).
Suspensión por incapacidad temporal de empleado interno (art. 10.3)	No es una extinción; no hay indemnización extintiva	El empleado interno tiene derecho a permanecer alojado en el domicilio un mínimo de 30 días, salvo que se recomiende hospitalización (art. 10.3).
Renuncia/ desistimiento en periodo de prueba	No hay indemnización extintiva	Preaviso según lo especificado en contrato.
Finalización del contrato temporal	12 días/año trabajado (excepto contratos de sustitución)	15 días de preaviso en caso de contratos temporales superiores a un año (art. 15 del ET).

CUESTIÓN

Regla de cálculo y diferencias según la fecha de inicio del contrato

Antes del 9-9-2022, la cuantía de la indemnización por desistimiento dependía de la fecha de formalización del contrato:

– **Contratos concertados después del 18-11-2011**: la indemnización es de **12 días naturales de salario por año de servicio**. La fórmula es: **Indemnización por desistimiento (contratos posteriores al 18-11-2011)** = salario diario × número de meses de servicio × 1.

- **Contratos formalizados con anterioridad al 18-11-2011**: la indemnización es de **7 días naturales de salario en metálico por año de servicio**. La fórmula es: **Indemnización por desistimiento (contratos anteriores al 18-11-2011)** = salario diario en metálico × número de meses de servicio × (7/12).

En el primer supuesto (contratos posteriores al 18-11-2011), se toma como salario regulador el salario total (metálico + especie). En el segundo, exclusivamente el salario en metálico, conforme a la disposición transitoria primera.1 del RD 1620/2011.

A TENER EN CUENTA. Desde el 9 de septiembre de 2022 se suprime la figura del desistimiento del empleador, sustituyéndose por un sistema de causas justificadas de extinción y por un régimen reforzado de garantías formales. El cálculo de indemnizaciones pasa a contar con dos niveles indemnizatorios en la relación laboral especial del servicio del hogar familiar:

» El **ordinario**, de 12 días/año con límite de seis mensualidades, para las extinciones por causas justificadas del art. 11.2 RD 1620/2011.

» El **reforzado**, equivalente al despido improcedente de la relación común, cuando se vulneran las exigencias formales de comunicación escrita o puesta a disposición de la indemnización.

4.
PECULIARIDADES DE LA CONSIDERACIÓN DEL DESPIDO COMO PROCEDENTE, NULO O IMPROCEDENTE

La calificación judicial del despido de una empleada de hogar puede ser procedente, improcedente o nulo. Estas categorías, reconocidas en la jurisprudencia y la normativa correspondiente, comportan distintas consecuencias prácticas en la relación laboral, en la indemnización y en la posibilidad de readmisión, con especialidades relevantes respecto a la relación laboral común.

> **A TENER EN CUENTA**. La reciente doctrina, reflejada en múltiples resoluciones, refuerza la protección frente a despidos discriminatorios o gravemente formales, pero mantiene la especialidad de esta relación laboral en cuanto a la inexistencia de readmisión en despidos nulos o improcedentes, primando la indemnización sobre la continuidad forzosa de la relación personal y doméstica.

4.1. Despido procedente

El despido de la empleada de hogar será calificado como **procedente** cuando concurran incumplimientos graves y culpables debidamente acreditados (art. 54 ET y art. 11 RD 1620/2011), con cumplimiento de las exigencias formales: comunicación escrita, hechos motivadores y fecha de efectos. Las causas habituales incluyen la deslealtad, abuso de confianza, faltas reiteradas de asistencia o comportamiento grave.

La consecuencia directa del despido procedente es la extinción del contrato **sin derecho a indemnización** para la persona trabajadora, aunque tiene derecho a percibir el finiquito correspondiente (salarios, pagas extras y vacaciones no disfrutadas).

RESOLUCIÓN RELEVANTE

SJS de Oviedo n.º 183/2023, de 30 de junio, ECLI:ES:JSO:2023:3543

«(...) constando acreditado el incumplimiento contractual imputado en la carta de despido (...), incumplimiento que reviste la gravedad suficiente (...) Por otro lado, se han cumplido los requisitos que establece el art. 55 ET (...), por tanto, el despido debe calificarse como procedente, y se desestima la demanda».

4.2. Despido improcedente

El despido será calificado como **improcedente** (art. 56 del ET y art. 11 del RD 1620/2011) si no concurre causa suficiente, falta justificación o existen deficiencias formales (salvo el preaviso o error excusable en el cálculo de la indemnización). Igualmente, se presumirá despido improcedente si se omite la comunicación escrita de la extinción o no se pone la indemnización a disposición de la empleada.

A TENER EN CUENTA. A diferencia de la relación laboral común, en el empleo de hogar la declaración judicial de improcedencia no comporta el derecho automático a la readmisión. La norma y la jurisprudencia protegen la intimidad familiar y permiten la extinción de la relación con la obligación para el empleador de abonar la indemnización correspondiente.

La indemnización por despido improcedente será de **33 días por año trabajado**, con un tope de 24 mensualidades (art. 56 ET y art. 11.3 RD 1620/2011, según la STS n.º 720/2024, de 22 de mayo de 2024, ECLI:ES:TS:2024:2899). En caso de despido tácito (por ejemplo, baja no comunicada en la Seguridad Social), las consecuencias indemnizatorias también rigen.

JURISPRUDENCIA

STS, n.º 720/2024, de 22 de mayo, ECLI:ES:TS:2024:2899

«(...) si el empleador no cumple con la formalidad de la comunicación y puesta a disposición de la indemnización, debe

*considerarse operada la presunción de despido improceden-
te, con abono de la indemnización ordinaria procedente».*

RESOLUCIÓN RELEVANTE

**STSJ Comunidad Valenciana n.º 2970/2025, de 11 de
noviembre, ECLI:ES:TSJCV:2025:4231**

Ha declarado improcedente la extinción fundada en las letras a) y b) del art. 11.2 del RD 1620/2011 porque la carta:

- Se limitaba a reproducir literalmente las causas legales
  (*«disminución de ingresos de la unidad familiar y modificación de las necesidades de la unidad familiar, al encontrarse la persona empleadora de baja por incapacidad laboral»*).

- No detalla los **datos concretos** de reducción de ingresos
  ni la concreta modificación de necesidades de la unidad
  familiar.

- Y en juicio la parte empleadora introdujo hechos nuevos
  (diagnóstico de trastorno autista de los hijos y mayores
  necesidades de atención) que **no figuraban en la carta**,
  lo que supuso una ampliación indebida de la causa extintiva incompatible con el art. 11.2.

La Sala concluye que, al no describir de forma **clara, suficiente e inequívoca** la causa concreta, la comunicación no
cumple las exigencias formales del art. 11.2, lo que activa la
presunción del art. 11.3 RD 1620/2011 y determina la calificación de la extinción como **despido improcedente.**

4.3. Despido nulo

En casos tasados por la ley —por ejemplo, discriminación, vio-
lación de derechos fundamentales o protección del embarazo (art.
55.5 del ET)— el despido de la empleada de hogar puede ser declarado **nulo**. La nulidad objetiva por embarazo ha sido reconocida por el Tribunal Supremo para las empleadas de hogar, incluso
cuando el empleador desconozca el embarazo en el momento de
la extinción.

No obstante, en esta relación especial, dadas «las condiciones
particulares en que se realiza la actividad de las personas que tra-
bajan en el servicio doméstico». Esta especialidad se concreta en
los siguientes aspectos (STSJ de Madrid, rec. 296/2024, de 31 de
mayo, ECLI:ES:TSJM:2024:6802):

- El ámbito donde se presta la actividad, esto es, el hogar
  familiar, tan vinculado a la intimidad personal y familiar y

por completo ajeno y extraño al común denominador de las relaciones laborales, que se desenvuelven en entornos de actividad productiva presididos por los principios de la economía de mercado.

- El vínculo personal basado en una especial relación de confianza que preside, desde su nacimiento, la relación laboral entre el titular del hogar familiar y los trabajadores del hogar, que no tiene que estar forzosamente presente en los restantes tipos de relaciones de trabajo.

Estas singularidades han llevado a la jurisprudencia social a **admitir soluciones de extinción indemnizada incluso en casos de despido nulo**, como se observa en la STSJ de Asturias n.º 2067/2025, de 25 de noviembre, ECLI:ES:TSJAS:2025:3065. En el caso analizado, la trabajadora, embarazada en el momento de la extinción del contrato, solicitó la nulidad del despido y la extinción del contrato. El tribunal declaró el despido nulo, pero optó por la extinción indemnizada en lugar de la readmisión, considerando las peculiaridades de la relación laboral especial del servicio del hogar familiar. Este enfoque se alinea con la doctrina establecida en otras resoluciones, como la **STS n.º 1/2022, de 11 de enero de 2022, ECLI:ES:TS:2022:61**, que refuerza la protección objetiva del embarazo en este tipo de relaciones laborales, pero reconoce que la readmisión puede ser inaplicable debido a las características específicas de la relación.

A TENER EN CUENTA. En el ámbito del servicio del hogar familiar, la readmisión es excepcional y se priorizan soluciones indemnizatorias en casos de despido nulo, especialmente cuando la relación laboral se desarrolla en el ámbito de la intimidad del hogar familiar. Esto se fundamenta en la normativa aplicable, como el RD 1620/2011 y el artículo 55.5 del Estatuto de los Trabajadores, así como en la jurisprudencia consolidada

RESOLUCIÓN RELEVANTE

STSJ de Andalucía, rec. 2402/2024, de 11 de septiembre del 2025, ECLI:ES:TSJAND:2025:14574

Reconoce la nulidad del despido, pero descarta la readmisión obligatoria en el hogar familiar La Sala confirma que el cese de la empleada de hogar es nulo, por vulneración del derecho fundamental a la no discriminación por enfermedad (aplicación de la Ley 15/2022). Sin embargo, rechaza la condena a la readmisión que había acordado el Juzgado de lo Social y corrige expresamente ese punto.

CUESTIONES

1. ¿Puede la empleadora optar entre readmisión e indemnización tras un despido improcedente?

No, en el caso del empleo de hogar, la readmisión carece de sentido práctico por la especial relación de confianza e intimidad, por lo que sólo opera la indemnización.

2. ¿Qué efectos tiene un despido nulo en una empleada embarazada?

La extinción se considera nula con derecho a indemnización reforzada, pero normalmente sin readmisión por la naturaleza especial de la relación, de acuerdo a la doctrina del Tribunal Supremo. (STS n.º 1/2022, de 11 de enero de 2022, ECLI:ES:TS:2022:61).

3. ¿Qué salario se toma como base para el cálculo de la indemnización?

La indemnización se calcula sobre el salario total pactado (incluida la retribución en especie) y la prorrata de pagas extras, no debiendo ser inferior al SMI salvo pacto individual o colectivo superior (art. 8 RD 1620/2011).

1. Nulidad objetiva por embarazo y maternidad

La nulidad objetiva del despido de la trabajadora embarazada [art. 55.5 b) del ET] se ha proyectado sin matices al ámbito del empleo de hogar. La jurisprudencia (STS n.º 1/2022, de 11 de enero; SJS Terrassa n.º 502/2014; STSJ Cataluña n.º 2483/2013) ha declarado la nulidad de despidos acordados durante el embarazo o el disfrute de permisos de maternidad en el servicio del hogar familiar, aun sin acreditación de conocimiento empresarial específico de la gestación.

No obstante, la especial naturaleza de esta relación —prestación de servicios en el domicilio familiar, fuerte componente de confianza e intimidad— ha llevado a los tribunales a **modular los efectos de la nulidad**: en lugar de imponer una readmisión forzosa, que podría vulnerar derechos de intimidad y convivencia, se reconoce una indemnización resarcitoria (calculada, como regla, con los parámetros del despido improcedente) y salarios de tramitación hasta la fecha de la sentencia o del alta médica, según los casos.

2. Enfermedad o discapacidad

Tras la Ley 15/2022, de 12 de julio, integral para la igualdad de trato y no discriminación, la enfermedad y la discapacidad se configuran como causas especialmente protegidas. En la relación de empleados de hogar, numerosos casos prácticos abordan la extinción de contratos de personas con enfermedades graves o crónicas (dolor crónico, trastornos psíquicos, tratamientos oncológicos, etc.), planteando la alternativa entre la nulidad por discriminación o la improcedencia por insuficiencia causal.

La doctrina reciente, apoyada en las SSTC y en el TJUE, exige un análisis en dos fases:

- La trabajadora debe aportar **indicios** racionales de que la enfermedad o discapacidad ha sido el móvil real del cese (proximidad temporal entre el diagnóstico o la IT y la extinción, falta de otra justificación, actuaciones empresariales incoherentes).

- El empleador debe demostrar una **justificación objetiva, razonable y proporcionada** de la extinción ajena a la enfermedad (por ejemplo, una causa económica específica del art. 11.2 RD 1620/2011 bien acreditada, como en los casos en los que el incremento de gastos o la modificación de necesidades se ha considerado independiente del estado de salud de la trabajadora).

En muchos de los casos recientes, cuando la causa económica o de necesidades está bien probada (pérdida de pluses, inicio de estudios universitarios con fuerte coste, ingreso en residencia, etc.), los tribunales descartan la nulidad por discriminación y, en su caso, examinan la procedencia o improcedencia desde la óptica del art. 11.2. Cuando la causa es meramente formal o enmascara la enfermedad, la tendencia se inclina hacia la **nulidad** o, subsidiariamente, la **improcedencia**.

3. Garantía de indemnidad y represalias

La garantía de indemnidad, como manifestación del derecho fundamental a la tutela judicial efectiva (art. 24 CE), también despliega su efecto en el empleo de hogar. La jurisprudencia viene exigiendo:

- Indicios de que la extinción se produce como **reacción** a una reclamación judicial o administrativa (papeleta de conciliación, denuncia ante la Inspección, etc.).

- Justificación empresarial suficiente y ajena a la reclamación.

En ausencia de causa objetiva acreditada, la proximidad temporal entre la reclamación y el cese puede determinar la **nulidad** del despido por vulneración de la garantía de indemnidad, con las modulaciones ya indicadas en cuanto a la readmisión.

5.
FINIQUITO

El finiquito es el documento por el que se pone fin a la relación laboral existente entre el trabajador y el empresario con motivo de la extinción del contrato de trabajo, por mutuo acuerdo, despido, dimisión del trabajador o jubilación, entre otras causas establecidas en el art. 49 del Estatuto de los Trabajadores. Con su firma el trabajador declara que la empresa no le adeuda cantidad alguna.

El finiquito ha de incluir:

- **El salario de los últimos días trabajados del mes en el que se produzca el cese,** (el trabajador tiene derecho a la parte proporcional de su salario por los días efectivamente trabajados). En dinero o en dinero y especie (si esta forma parte del salario base).

- **Las pagas extraordinarias:** la liquidación en el finiquito de las pagas extraordinarias ha de realizarse teniendo en cuenta tres posibilidades, en función de la forma de pago: prorrateo mensual, pagas extras semestrales o pagas extras anuales.

- **Las vacaciones no disfrutadas:** calculadas desde el 1 de enero del año en curso hasta la conclusión de la relación laboral. Según el Real Decreto 1620/2011, de 14 de noviembre, las empleadas de hogar tienen derecho a un periodo de vacaciones anuales retribuidas de 30 días naturales.

- **Falta de preaviso:** si la relación laboral ha durado más de un año y la extinción se funda en alguna de las causas específicas del apartado 2 del art. 11 del Real Decreto 1620/2011 (disminución de ingresos, cambio de necesidades de la unidad familiar o pérdida de confianza razonable y proporcionada), el empleador debe conceder un **preaviso mínimo de 20 días**, contado desde la comunicación escrita de la decisión extintiva. En los demás supuestos contemplados en ese mismo apartado 2 (esto es, cuando la duración no supera un año), el **preaviso mínimo es de 7 días.**

Si el empleador no respeta esos plazos pero cumple la forma escrita y paga la indemnización de 12 días/año (límite 6 mensualidades), la consecuencia es que deberá pagar los salarios de los días de preaviso omitidos, pero no se transforma automáticamente en despido improcedente.

- **Percepciones no salariales adeudadas** (están excluidas de la base de cotización, en las cuantías que no superen los límites legalmente establecidos de cotización).

6.
CONTENIDOS ESPECÍFICOS DE INTERÉS PARA EL ANÁLISIS PRÁCTICO

Desde la perspectiva de la práctica profesional y de la docencia, la casuística abordada en este libro permite profundizar en varios ejes de especial relevancia:

6.1. Calificación de la extinción: desistimiento, despido disciplinario u objetivo

Los casos ilustran la importancia de identificar correctamente la **naturaleza jurídica de la extinción**:

- Extinciones verbales, bajas en Seguridad Social sin comunicación, exigencias de devolución de llaves: despidos tácitos que, en ausencia de carta y causa, suelen calificarse como improcedentes.

- Desistimientos que, por incumplir requisitos formales o por errores inexcusables en la indemnización, devienen despidos sometidos al régimen del ET (STS n.º 720/2024).

- Despidos disciplinarios sin carta o con defectos formales: su posible «reiteración» mediante un segundo despido subsanador dentro de los límites del art. 55.2 del ET (plazo de 20 días, mantenimiento de alta, abono de salarios intermedios) y la frecuente declaración de improcedencia cuando estos requisitos no se cumplen (STSJ Cataluña n.º 135/2026).

6.2. Despido tácito y extinción sin comunicación formal

La ausencia total de comunicación de extinción, acompañada de actos concluyentes e inequívocos de cese (baja en la Seguridad Social, negativa a readmitir a la persona trabajadora, sustitución definitiva, etc.), configura un **despido tácito**, aplicable también en el ámbito del hogar familiar.

El Tribunal Supremo ha venido reconociendo que, en estos casos, la extinción debe calificarse como **despido improcedente**, con las consecuencias indemnizatorias del ET; la **STS n.º 720/2024, de 22 de mayo, ECLI:ES:TS:2024:2899**, aunque referida a la regulación anterior al RDL 16/2022, es plenamente trasladable al nuevo régimen en cuanto al efecto del incumplimiento formal: ante la omisión de las exigencias del art. 11 RD 1620/2011, la relación no puede considerarse válidamente extinguida por las causas específicas, sino como despido.

Asimismo, la **STS n.º 579/2022, de 14 de febrero, ECLI:ES:TS:2022:579** y la **STSJ de Castilla y León n.º 4227/2022, de 28 de octubre, ECLI:ES:TSJCL:2022:4227**, aplican esta doctrina en el ámbito del hogar familiar, recordando que:

- La baja en Seguridad Social sin comunicación ni formalidad extintiva constituye **despido tácito** si va seguida de una negativa a la readmisión.
- El *dies a quo* para el cómputo del plazo de caducidad de la acción de despido suele situarse en la fecha de baja efectiva en la Seguridad Social cuando es entonces cuando la persona trabajadora conoce inequívocamente la extinción.

6.3. Determinación de la antigüedad y de la unidad del vínculo contractual

En un sector donde no siempre se formalizan contratos escritos desde el inicio, es habitual que la antigüedad real difiera de la que figura en el alta en Seguridad Social o en el primer contrato escrito. Los tribunales han venido reconociendo la **antigüedad efectiva desde el comienzo probado de la prestación de servicios**, aunque la formalización contractual sea posterior (SJS- Terrassa n.º 502/2014; STSJ de La Rioja n.º 89/2019), y han tratado como **vínculo unitario** sucesiones de contratos temporales, indefinidos y nuevas altas que no alteran funciones ni jornada, con impacto directo en la cuantía de la indemnización.

6.4. Registro de jornada y tiempos de presencia

Una cuestión emergente, analizada en varios supuestos, es la obligación de control horario en el empleo de hogar tras la **STJUE C-531/23, de 19 de diciembre de 2024** y su recepción por la jurisprudencia interna. La exigencia de un sistema de cómputo de la jornada diaria también para los empleadores domésticos incide de manera directa en la prueba de las horas efectivamente trabajadas y de las horas de presencia, y, por ende, en la cuantificación de salarios debidos, horas extraordinarias y base reguladora de indemnizaciones.

6.5. Recomendaciones prácticas para afrontar la extinción del contrato en esta relación laboral especial

A efectos prácticos desarrollaremos todas las claves para una **correcta extinción del contrato** de las personas trabajadoras al servicio del hogar familiar conforme al art. 11 del RD 1620/2011. A lo largo de la obra se repetirán, adaptadas a cada caso, las siguientes pautas:

1. **Identificación previa de la causa extintiva** (común del art. 49.1 del ET o específica del art. 11.2 del RD 1620/2011), valorando su concurrencia real y la prueba disponible.

2. **Redacción de una carta escrita** en la que consten, de forma clara e inequívoca:

   » La voluntad extintiva.

   » La fecha de efectos.

   » La **causa concreta y próxima** (hechos específicos que la configuran), evitando fórmulas genéricas.

3. **Puesta a disposición simultánea** de la indemnización procedente:

   » 12 días de salario por año de servicio (máx. 6 mensualidades) en las extinciones del art. 11.2.

   » Indemnización propia de la causa común aplicada (finalización de temporal, fallecimiento de la persona empleadora, etc.), cuando proceda.

4. **Concesión del preaviso** cuando sea exigible (20 días si la antigüedad supera un año; 7 días en los demás supuestos), salvo sustitución por indemnización equivalente.

5. Respeto, en su caso, del **derecho a licencia** de 6 horas semanales para buscar empleo durante el preaviso cuando se trate de jornada completa.

6. En caso de extinción irregular (sin carta, sin causa o sin indemnización), asumir que el cese será muy probablemente calificado como **despido improcedente**, con las consecuencias indemnizatorias del ET (33 días/año, máx. 24 mensualidades), sin perjuicio de que la persona trabajadora pueda optar por la **readmisión** cuando la empleadora no ejerza su opción.

La observancia estricta de este **régimen formal** no sólo es una exigencia legal, sino que constituye la **principal herramienta preventiva** frente a litigios posteriores y frente a la eventual recalificación del cese como despido improcedente, con un coste económico muy superior al de la indemnización reducida prevista para las causas específicas del art. 11.2 del RD 1620/2011.

6.6. Sanciones administrativas por incumplimientos laborales y de Seguridad Social

Aunque el foco de este libro son las consecuencias laborales de la extinción y el despido, varios de los casos ponen de relieve el **riesgo sancionador** asociado a la falta de alta, a la infracotización o al pago de salarios por debajo del SMI. La LISOS (arts. 7, 22 y 23) prevé multas relevantes para las personas empleadoras de hogar que no den de alta, no coticen o paguen salarios inferiores al SMI, así como para el empleo de personas extranjeras sin autorización.

CASOS PRÁCTICOS

Caso práctico | Prestación por desempleo de empleada de hogar y cómputo de días anteriores al 1-10-2022 por discriminación indirecta

PLANTEAMIENTO

Doña Laura ha trabajado como empleada de hogar, en alta ininterrumpida en el Sistema Especial para Empleados de Hogar del Régimen General de la Seguridad Social, desde el 1 de junio de 2013 hasta el 15 de marzo de 2025, fecha en la que la empleadora extingue la relación laboral por desistimiento, con indemnización y preaviso correctos.

Tras el cese, Laura solicita el 20 de marzo de 2025 la prestación contributiva por desempleo ante el SEPE. La entidad gestora le reconoce el derecho, pero limita la duración a 120 días, tomando únicamente 510 días cotizados por desempleo desde el 1 de octubre de 2022 (fecha a partir de la cual, conforme a la disposición transitoria segunda del Real Decreto-ley 16/2022, de 6 de septiembre, es obligatoria la cotización por desempleo en el Sistema Especial de Empleados de Hogar).

La trabajadora entiende que, conforme al art. 269.1 del texto refundido de la Ley General de la Seguridad Social (LGSS), aprobado por el Real Decreto Legislativo 8/2015, de 30 de octubre, deben computarse todos los días de alta en los últimos seis años anteriores a la fecha de extinción de la relación laboral (esto es, desde el 16 de marzo de 2019 al 15 de marzo de 2025), aunque durante buena parte de ese período (hasta el 30 de septiembre de 2022) no existiera la posibilidad legal de cotizar por desempleo en el Sistema Especial de Empleados de Hogar.

Sostiene que la exclusión histórica de la protección por desempleo para las personas trabajadoras al servicio del hogar familiar, declarada como discriminación indirecta por razón de sexo contraria al art. 4.1 de la Directiva 79/7/CEE del Consejo, de 19 de diciembre de 1978, no puede ahora utilizarse en su contra para limitar la duración de la prestación contributiva, de modo que los días de alta en el sistema durante los últimos seis años deben asimilarse a días cotizados por desempleo. Invoca la sentencia del Tribunal de Justicia de la Unión Europea (TJUE) de 24 de febrero de 2022, asunto C-389/20, y diversas sentencias de Tribunales Superiores de Justicia, entre ellas la del TSJ de Asturias n.º 1845/2025, de 28 de octubre, ECLI:ES:TSJAS:2025:2785, que aplican dicha doctrina para corregir la discriminación sufrida por el colectivo de empleados de hogar.

Conforme a los informes de vida laboral y bases de cotización, Laura acredita:

- Alta ininterrumpida como empleada de hogar del 1-6-2013 al 15-3-2025.

- Dentro de los seis años anteriores al cese (16-3-2019 a 15-3-2025), un total de 2.190 días de alta en el Sistema Especial para Empleados de Hogar.

- De esos 2.190 días, solo 530 corresponden al período en el que se estaba cotizando efectivamente por desempleo (desde el 1-10-2022).

El SEPE desestima la reclamación previa formulada por la trabajadora, manteniendo el cómputo de solo 510 días de cotización por desempleo y, por tanto, 120 días de prestación, al entender que no pueden tenerse en cuenta, a efectos de duración, los períodos previos al 1-10-2022 en los que no existía obligación (ni posibilidad) de cotizar a dicha contingencia.

- ¿Debe reconocerse a la empleada de hogar el derecho a que, para determinar la duración de la prestación contributiva por desempleo, se computen como días de cotización por desempleo todos los días de alta en los últimos seis años, incluidos los anteriores al 1-10-2022 en los que no se cotizaba a dicha contingencia por impedimento legal, al considerar que la exclusión previa constituye una discriminación indirecta por razón de sexo contraria al art. 4.1 de la Directiva 79/7/CEE y a la doctrina del TJUE (STJUE 24-2-2022, C-389/20)?

RESPUESTA

Sí. A la vista de la Directiva 79/7/CEE, de la STJUE de 24-2-2022 (asunto C-389/20) y de la doctrina seguida por diversos Tribunales Superiores de Justicia —entre ellos el TSJ de Asturias, sentencia n.º 1845/2025, de 28 de octubre, ECLI:ES:TSJAS:2025:2785—, procede computar, a efectos de duración de la prestación contributiva por desempleo de la empleada de hogar, todos los días de alta en el Sistema Especial de Empleados de Hogar dentro de los seis años anteriores a la situación legal de desempleo, aunque durante parte de ese período no se cotizase efectivamente por desempleo por impedimento legal. Esos días deben asimilarse a días cotizados por desempleo, de forma que la trabajadora alcanza el tramo máximo del art. 269.1 LGSS y tiene derecho a 720 días de prestación contributiva.

En supuestos como el descrito, en los que la trabajadora ha estado dada de alta como empleada de hogar dentro del Sistema Especial, dentro de los seis años previos al cese acumula un período de alta suficiente para alcanzar el máximo de la escala del art. 269.1 de la LGSS, y la falta de cotización por desempleo en parte de ese período se debe exclusivamente a una norma interna discriminatoria y contraria a la Directiva 79/7/CEE, la interpretación conforme al Derecho de la Unión impone **contabilizar todos los días de alta** como días de ocupación cotizada a efectos de duración de la prestación. De otro modo, se perpetuaría la discriminación que el propio TJUE ha declarado contraria al Derecho de la Unión.

Para la resolución de este supuesto debemos considerar:

- **Art. 269.1 de la LGSS** (duración de la prestación contributiva), que vincula la duración del derecho a la suma de los períodos de ocupación cotizada en los seis años anteriores a la situación legal de desempleo.
- **Art. 267.1.a) de la LGSS**, en la redacción dada por el Real Decreto-ley 16/2022, de 6 de septiembre, que incluye como situación legal de desempleo la extinción de la relación laboral especial del servicio del hogar familiar en los términos del art. 11.2 del RD 1620/2011.
- **Art. 251.d) de la LGSS** (en la redacción vigente hasta el RD-ley 16/2022), que excluía del Sistema Especial de Empleados de Hogar la protección por desempleo, norma luego suprimida.
- **D.T. 2.ª del Real Decreto Ley 16/2022, de 4 de septiembre,** que impone la obligatoriedad de cotizar por desempleo en el Sistema Especial de Empleados de Hogar a partir del 1-10-2022.
- **Directiva 79/7/CEE del Consejo, de 19 de diciembre de 1978**, art. 4.1, sobre igualdad de trato entre hombres y mujeres en materia de seguridad social.
- **Directiva 2006/54/CE**, arts. 5.b), 9.1.e) y k), sobre igualdad de oportunidades e igualdad de trato entre hombres y mujeres en empleo y ocupación.
- **Art. 4 bis de la LOPJ**, que impone a los jueces y tribunales la obligación de aplicar el Derecho de la Unión Europea conforme a la interpretación del TJUE.

1. Doctrina del TJUE sobre el efecto de la Directiva 79/7 y su interpretación

La STJUE de 24-2-2022 (C-389/20) declara que la exclusión de la protección por desempleo del Sistema Especial de Empleados de Hogar, prevista en el art. 251.d) LGSS, constituye una **discriminación indirecta por razón de sexo**, prohibida por el art. 4.1 de la Directiva 79/7/CEE, al afectar de forma desproporcionada a un colectivo integrado mayoritariamente por mujeres y sin justificación objetiva y razonable.

El TJUE ha reiterado que la sentencia interpretativa de una Directiva aclara cómo ha debido entenderse y aplicarse esa norma desde su entrada en vigor, salvo que el propio TJUE limite expresamente los efectos temporales de su decisión. En la STJUE n.° C-389/20, de 24 de febrero de 2022, no se establece tal limitación.

Ello implica que los órganos jurisdiccionales nacionales deben:

- Aplicar la Directiva 79/7/CEE con el alcance interpretado por el TJUE a relaciones jurídicas nacidas con anterioridad a la sentencia.
- Evitar que la norma interna sea discriminatoria (art. 251.d) LGSS) siga produciendo efectos, incluso respecto de períodos anteriores a su derogación.
- Neutralizar las consecuencias de la discriminación en la situación concreta de las trabajadoras afectadas, garantizando una protección efectiva del derecho a la igualdad de trato.

Esta doctrina ha sido asumida por el Tribunal Supremo español en relación con el complemento de pensiones por aportación demográfica ex art. 60 LGSS (por todas, STS, de 17 de febrero de 2022, rec. 2872/2021 y 3379/2021), aceptando la aplicación ex tunc de la interpretación del TJUE sobre la Directiva 79/7/CEE.

2. Aplicación por la jurisprudencia social interna al colectivo de empleadas de hogar

Tras la STJUE de 24-2-2022, varias Salas de lo Social de Tribunales Superiores de Justicia han reconocido prestaciones de desempleo (especialmente subsidios para mayores de 52 años) a personas trabajadoras del hogar, tomando en consideración los períodos de alta en el Sistema Especial como si fueran períodos de cotización por desempleo, al tratarse de una **situación generada por la propia norma discriminatoria** que impedía cotizar. Entre otras, pueden citarse:

- **STSJ de Galicia, rec. 566/2023, de 10 de octubre, ECLI:ES:TSJGAL:2023:6520.** La negativa basada en la carencia de cotización previa en el REEH resulta contraria al principio de igualdad de trato, debiendo admitirse el acceso al subsidio para mayores de 52 años a quienes, por razón discriminatoria, no pudieron cotizar para desempleo bajo dicho régimen especial.

- **STSJ de Navarra, rec. 496/2024, de 20 de febrero, ECLI:ES:TSJNA:2025:79.** Se aborda si las empleadas de hogar cuyo periodo de alta y cotización fue anterior a la entrada en vigor del RD-Ley 16/2022, es decir, personas que no pudieron cotizar nunca por desempleo debido a una exclusión normativa que ha sido declarada discriminatoria y contraria al Derecho de la Unión Europea por el Tribunal de Justicia de la Unión Europea (STJUE n.º C-389/20, de 24 de febrero de 2022), tienen acceso al subsidio por desempleo.

- **STSJ de Cataluña, rec. 6675/2022, de 11 de mayo, ECLI:ES:TSJCAT:2022:4475.** Trabajadora incluida en el Sistema Especial para Empleados de Hogar, mayor de 52 años, solicita el subsidio por desempleo para mayores de 52 años. El SEPE se lo deniega porque no acredita 6 años cotizados en un régimen que cubra el desempleo, al no computarse los periodos en hogar y autónomos. La Sala aplica la sentencia del TJUE de 24-02-2022 (asunto C-389/20), que declara que una norma que excluye a los empleados de hogar de la protección por desempleo produce discriminación indirecta por razón de sexo cuando afecta principalmente a mujeres y no se justifica por razones objetivas. Recuerda que los órganos jurisdiccionales nacionales están vinculados por esta doctrina (art. 4 bis LOPJ) y que la interpretación del TJUE se aplica también a situaciones anteriores a la fecha de dicha sentencia, salvo que el propio TJUE limite efectos (lo que no sucede en el caso analizado). (En supuestos análogos: STSJ de Aragón, rec. 300/2023, STSJ de Madrid, rec. 501/2023 y STSJ del País Vasco, rec. 1883/2023).

- **STSJ de Asturias n.º 1766/2024, de 29 de octubre, ECLI:ES:TSJAS:2024:2726.** Sobre subsidio de mayores de 52 años de empleada de hogar, en la que se afirma que no puede exigirse a la trabajadora el cumplimiento de un requisito (cotizar por desempleo) que el ordenamiento le impedía cumplir por virtud de una norma interna contraria al Derecho de la Unión.

- **STSJ de Asturias n.º 1845/2025, de 28 de octubre, ECLI:ES:TSJAS:2025:2785.** Aplica la misma lógica ya no en el nivel asistencial, sino en el **nivel contributivo de la prestación por desempleo**, reconociendo el derecho de una empleada de hogar a que, para fijar la duración de la prestación contributiva, se computen todos los días de alta en los últimos seis años como días de cotización por desempleo hasta alcanzar el máximo de 720 días de prestación (2.160 días de ocupación cotizada).

En esta última, la Sala razona, en síntesis, que:

- La ausencia de protección por desempleo del colectivo de empleados de hogar, mantenida hasta el RD-ley 16/2022, generó una situación de **clara desventaja y discriminación**

indirecta por razón de sexo, denunciada y declarada contraria al Derecho de la UE por el TJUE.

- La mera incorporación futura de la cotización obligatoria por desempleo (a partir de 1-10-2022) **no repara** las consecuencias negativas sufridas por quienes, como las empleadas de hogar con largos períodos de alta previos, no pudieron cotizar por impedimento legal.

- No puede oponerse a la trabajadora la falta de cotización por desempleo cuando dicha falta es consecuencia directa de la ilegalidad de la norma interna, pues «una misma norma (LGSS) no puede impedir cumplir y al mismo tiempo exigir el cumplimiento» (STSJA n.º 1766/2024 cit.), y mantener esa exigencia supondría perpetuar la discriminación.

- En consecuencia, a efectos de derechos como el subsidio o la duración de la prestación contributiva, **los períodos de alta en el Sistema Especial en los que no se podía cotizar por desempleo deben computarse como períodos cotizados a dicha contingencia**, dentro del marco temporal relevante (seis años anteriores a la situación legal de desempleo en el caso del art. 269.1 LGSS).

3. Aplicación al caso planteado

En el supuesto de Laura concurren las siguientes circunstancias relevantes:

- Relación laboral especial de empleada de hogar en alta ininterrumpida de 1-6-2013 a 15-3-2025.

- Cese por desistimiento con causa válida, que encaja en la situación legal de desempleo del art. 267.1.a) de la LGSS (tras la reforma del RD-ley 16/2022 y en conexión con el art. 11.2 del RD 1620/2011).

- En los seis años anteriores al cese (16-3-2019 a 15-3-2025), la trabajadora ha estado de alta 2.190 días en el Sistema Especial de Empleados de Hogar.

- De dichos días, solo una parte (530 días) corresponde a período con cotización efectiva por desempleo, por aplicación de la DT 2.ª del RD-ley 16/2022 a partir del 1-10-2022.

Si se aplicara de forma estricta el tenor literal del art. 269.1 LGSS en conexión con la DT 2.ª del RD-ley 16/2022, el SEPE solo tomaría en cuenta los días en que existió cotización efectiva por desempleo, lo que llevaría a un tramo de 360 a 539 días cotizados (120 días de prestación). Sin embargo, esta interpretación:

- Desconoce la **doctrina del TJUE** sobre la discriminación indirecta derivada de la exclusión del desempleo para el colectivo de empleados de hogar.

- Perpetúa los efectos de la norma interna declarada contraria al Derecho de la Unión, al seguir penalizando a la trabajadora por no haber podido cotizar cuando el sistema se lo impedía.

- Contraviene el mandato del art. 4 bis LOPJ de aplicar el Derecho de la Unión conforme a la interpretación del TJUE y de asegurar la eficacia plena de las Directivas.

Siguiendo la línea de la STS n.º 1845/2025 y del resto de jurisprudencia citada, el órgano judicial debería:

Asimilar a días de cotización por desempleo, a los solos efectos de determinar la duración del derecho reconocido en el art. 269.1 de la LGSS, **todos los días de alta** en los últimos seis años (16-3-2019 a 15-3-2025), incluidos los anteriores al 1-10-2022 en los que no cabía cotizar por impedimento legal.

Calcular la duración de la prestación contributiva con base en esos 2.190 días de ocupación cotizada (en sentido amplio):

- La escala del art. 269.1 LGSS fija el máximo de duración (720 días de prestación) para períodos de ocupación cotizada iguales o superiores a 2.160 días (seis años).

- Al superar Laura ese umbral con 2.190 días de alta, le corresponde el **máximo de 720 días de prestación contributiva**.

Declarar el derecho de la trabajadora a percibir la prestación contributiva por desempleo durante 720 días, frente a los 120 inicialmente reconocidos por el SEPE, condenando a la entidad gestora a estar y pasar por dicha declaración y a hacerla efectiva.

En consecuencia, en el caso planteado, el órgano judicial debería estimar la demanda de Laura y reconocer su derecho a 720 días de prestación contributiva por desempleo, computando como cotizados por desempleo los 2.190 días de alta en los últimos seis años, incluidos los anteriores al 1-10-2022 en los que no pudo cotizar por impedimento legal.

Caso práctico | Despido de empleada de hogar interna sin alta en Seguridad Social

PLANTEAMIENTO

Una trabajadora de nacionalidad extranjera llega a España en marzo de 2022. A través de un anuncio en internet, el yerno de una mujer de 88 años, diagnosticada de deterioro cognitivo, contacta con ella para que preste servicios como empleada de hogar en régimen interno, ocupándose del cuidado personal de la señora y de las tareas domésticas en su domicilio.

La relación se inicia el 29 de marzo de 2022 sin formalizar contrato escrito y sin alta en la Seguridad Social. La trabajadora convive en el domicilio, realiza las tareas de cuidado y domésticas, acude a la compra y, por indicación de la hija y del yerno de la señora, enseña a posibles compradores varias propiedades de la familia, custodiando las llaves de los inmuebles.

El 10 de octubre de 2022, tras acusarla de sustraer dinero y joyas, la hija y el yerno comunican verbalmente a la trabajadora que debe abandonar de inmediato el domicilio, sin carta de despido, sin preaviso y sin puesta a disposición de indemnización alguna, cursando posteriormente denuncia penal.

La trabajadora interpone demanda de despido frente a la señora de 88 años, su hija y su yerno, alegando que existía una relación laboral especial de servicio del hogar familiar, que su contrato era indefinido y a jornada completa y que el cese constituye un despido improcedente. Las personas empleadoras manifiestan que realmente existía una relación de mera amistad, benevolencia o buena vecindad [art. 2.1.f del) RD 1620/2011].

- ¿Cómo se demuestra la existencia de una relación laboral especial de empleada de hogar? ¿y la persona empleadora?
- ¿Cuál es la naturaleza del contrato (duración y jornada)? ¿Y el salario aplicable como base reguladora?
- ¿Cómo debe calificarse jurídicamente el cese producido? ¿Cuáles son las consecuencias del despido improcedente en la relación laboral especial de servicio del hogar familiar?

RESPUESTA

En el supuesto planteado:

- La convivencia en el domicilio, la realización de tareas domésticas y de cuidado bajo órdenes de la familia, y la existencia de retribución, permiten afirmar la existencia de una **relación laboral especial de empleada de hogar interna**, no de mera amistad.

- Al no existir contrato escrito y superar la relación las cuatro semanas, el contrato se **presume indefinido y a jornada completa** (art. 5.2 del RD 1620/2011).

- El salario regulador debe fijarse, en ausencia de pacto probado superior, en el **SMI con pagas extraordinarias prorrateadas** (art. 8 del RD 1620/2011), o en el salario más alto acreditado en juicio.

- El cese verbal de 10 de octubre de 2022, sin comunicación escrita ni puesta a disposición de indemnización, constituye un **despido tácito** que, conforme al art. 11.3 del RD 1620/2011, debe tratarse como **despido sometido al régimen del Estatuto de los Trabajadores**.

- No habiéndose acreditado causa disciplinaria u objetiva suficiente ni cumplido las exigencias formales, el despido debe calificarse como **improcedente**, con derecho a una indemnización de **33 días de salario por año de servicio**, sin salarios de tramitación si la parte empleadora opta por la indemnización en los términos del art. 110 de la LRJS.

1. Existencia de relación laboral especial de empleada de hogar

Conforme al art. 2.1.b) del Estatuto de los Trabajadores y al art. 1 del Real Decreto 1620/2011, de 14 de noviembre, existe relación laboral especial del servicio del hogar familiar cuando una persona presta servicios retribuidos, por cuenta del titular del hogar familiar, en el ámbito doméstico: tareas domésticas, cuidado o atención de personas, dirección y cuidado del hogar, etc. Quedan excluidos, entre otros, los trabajos realizados a título de amistad, benevolencia o buena vecindad (art. 2.1.f del RD 1620/2011 y SJS- Santiago de Compostela n.º 111/2023, de 24 de mayo, ECLI:ES:JSO:2023:2954).

En el supuesto descrito concurren los elementos característicos de la relación laboral:

- **Voluntariedad y ajenidad**: la trabajadora acude a un anuncio y el yerno de la señora la selecciona para prestar servicios en el domicilio familiar, por cuenta y en interés de la familia.

- **Dependencia**: convive en el domicilio, asume las tareas de cuidado y domésticas bajo las indicaciones de la hija y del yerno, quienes fijan órdenes sobre las visitas a las propiedades y el uso de las llaves.
- **Retribución**: aunque no se formaliza contrato ni alta en Seguridad Social, la trabajadora percibe una cantidad pactada en metálico, además de las prestaciones en especie propias de la interna (alojamiento y manutención).

La tesis de la parte demandada de que se trataba de una invitada por amistad resulta incompatible con:

- La edad (88 años) y el deterioro cognitivo acreditado de la señora.
- El anuncio previo en internet solicitando ayuda para tareas domésticas y cuidado.
- La actuación de la trabajadora como interlocutora habitual con terceros (inmobiliaria, comercio), con tenencia de llaves y gestión cotidiana de la vivienda.

En cuanto a la **determinación de la persona empleadora**, el art. 1.3 del RD 1620/2011 considera empleador al titular del hogar familiar o a quien asuma la representación de las personas que conviven en la vivienda. En casos como el planteado, en los que el contacto y la contratación la realiza el yerno, la hija y el yerno imparten las órdenes sobre el trabajo y participan en el cese verbal y la señora de 88 años es mera beneficiaria de los servicios, sin capacidad real de dirección contractual. En este caso resulta razonable imputar la condición de empleadores a la **hija y el yerno**, no a la señora de edad avanzada.

2. Naturaleza del contrato y salario aplicable

a) Duración y jornada

La forma y contenido del contrato de trabajo en el servicio del hogar familiar se rigen por el capítulo II del RD 1620/2011:

- El contrato puede celebrarse por escrito u oralmente, si bien, desde la reforma operada por el Real Decreto-ley 16/2022, de 6 de septiembre, se refuerza la exigencia de constancia escrita.
- En defecto de pacto escrito, y cuando la duración sea superior a cuatro semanas, el contrato se **presume concertado por tiempo indefinido y a jornada completa** (art. 5.2 del RD 1620/2011).

En el caso analizado, la relación se extiende desde el 29 de marzo de 2022 al 10 de octubre de 2022 (más de cuatro semanas) y no existe contrato escrito que acredite temporalidad ni pacto de tiempo parcial. Por tanto, la trabajadora debe considerarse vinculada mediante un **contrato indefinido a jornada completa** en el régimen especial de servicio del hogar familiar.

b) Salario aplicable

El art. 8 del RD 1620/2011 establece que el salario mínimo de la persona empleada de hogar es, al menos, el **salario mínimo interprofesional (SMI)** vigente, referido a la jornada completa, percibiéndose a prorrata si la jornada es inferior. A ello se añaden dos pagas extraordinarias anuales, salvo prorrata, y las posibles retribuciones en especie (alojamiento, manutención) en los términos legales.

En ausencia de convenio específico y de prueba de un salario superior, el salario regulador del despido debe fijarse, como mínimo, en el SMI anual vigente dividido entre 12 mensualidades, o en la cuantía superior acreditada en el procedimiento.

Ese salario mensual, dividido entre 30 días, determina el **salario diario regulador** a efectos indemnizatorios.

3. Calificación jurídica del cese y consecuencias del despido improcedente

a) Régimen extintivo

El art. 11 del RD 1620/2011 fue modificado por el RD-ley 16/2022, de 6 de septiembre, con efectos desde el 9 de septiembre de 2022. Desde esa fecha:

- La relación especial de servicio del hogar familiar puede extinguirse por las causas del art. 49.1 del Estatuto de los Trabajadores, aplicándose la normativa laboral común salvo en lo incompatible con las peculiaridades de la relación.

- Además, se prevé una extinción por **otras causas justificadas** (disminución de ingresos o aumento de gastos de la unidad familiar, modificación sustancial de sus necesidades, o pérdida de confianza razonable y proporcionada), con indemnización de **12 días de salario por año de servicio con el límite de 6 mensualidades**, siempre que se cumplan estrictamente los **requisitos de forma escrita** y de **puesta a disposición simultánea de la indemnización** (art. 11.2 RD 1620/2011).

- El art. 11.3 dispone que, **si se incumplen los requisitos relativos a la forma escrita de la comunicación de extinción o la puesta a disposición de la indemnización**, se presumirá que la persona empleadora ha optado por la aplicación del **régimen extintivo del despido regulado en el Estatuto de los Trabajadores**, esto es, el despido disciplinario u objetivo, con su régimen de calificación (procedente, improcedente o nulo) y de indemnización.

En el caso planteado, el cese se produce el 10 de octubre de 2022, esto es, **después de la entrada en vigor del RD-ley 16/2022**, por lo que resulta plenamente aplicable la nueva redacción del art. 11 del RD 1620/2011.

b) Despido tácito/improcedente

La trabajadora es expulsada verbalmente del domicilio sin comunicación **escrita** de extinción, con expresión clara e inequívoca de la voluntad de extinguir y de la causa alegada, puesta a disposición **simultánea** de la indemnización de 12 días/año. ni preaviso mínimo legal. Nos encontramos, por tanto, ante un **despido tácito** o de hecho (baja en la relación sin observancia de las formas extintivas), que, conforme al art. 11.3 del RD 1620/2011 y a la doctrina del Tribunal Supremo para supuestos anteriores y posteriores a la reforma (v., en relación con la configuración del desistimiento y el despido tácito, la STS n.º 720/2024, de 22 de mayo, ECLI:ES:TS:2024:2899, y la STS n.º 1/2022, de 11 de enero, ECLI:ES:TS:2022:61, debe ser tratado como un **despido sujeto al régimen general del Estatuto de los Trabajadores**.

No constando acreditada causa disciplinaria grave y culpable ni causa objetiva ajustada a derecho, ni cumpliéndose las exigencias formales mínimas, el cese debe ser calificado como **despido improcedente**, en los términos del art. 56 ET y del art. 110 de la Ley Reguladora de la Jurisdicción Social.

c) Indemnización por despido improcedente y opciones

Declarada la improcedencia del despido en la relación especial de servicio del hogar familiar, la consecuencia general, conforme al art. 56 del ET y al art. 110 de la LRJS, es la condena a la parte empleadora a optar entre la readmisión con abono de salarios de tramitación, o el abono de la **indemnización de 33 días de salario por año de servicio**, con un límite de 24 mensualidades, sin salarios de tramitación.

En la práctica, en el servicio del hogar familiar, la **readmisión suele ser excepcional** por la especial naturaleza de la relación (prestación de servicios en el ámbito de la intimidad del domicilio familiar), habiendo admitido la jurisprudencia social soluciones de extinción indemnizada incluso en supuestos de nulidad (STSJ de Asturias n.º 2067/2025, de 25 de noviembre de 2025, ECLI:ES:TS-JAS:2025:3065, y STSJ de Madrid, rec. 296/2024, de 31 de mayo, ECLI:ES:TSJM:2024:6802):

En el caso analizado:

- La antigüedad se computará desde el 29 de marzo de 2022 al 10 de octubre de 2022 (algo más de seis meses, que a efectos de cálculo se prorratea por meses completos).

- El salario diario regulador se fija, como mínimo, en el resultado de dividir el salario mensual (SMI con pagas prorrateadas o el superior acreditado) entre 30 días.

- La indemnización se calcula aplicando la fórmula general: **33 días de salario por año de servicio × salario diario × tiempo de servicios** (prorrateando por meses los periodos inferiores al año).

Cuando la parte empleadora (hija y yerno) **anticipe en juicio su opción por la indemnización** [art. 110.1.a) de la LRJS], el órgano judicial declara extinguida la relación laboral en la fecha del despido y condena al abono de la indemnización correspondiente, sin salarios de tramitación.

Caso práctico | Despido tácito de empleada de hogar por baja en Seguridad Social sin comunicación previa

PLANTEAMIENTO

El 15 de febrero de 2026, tras una discusión por el horario de salida de fin de semana, Doña Laura abandona la vivienda por la tarde, manifestando que vuelve el lunes para seguir trabajando "como siempre". Ese mismo día por la noche, Doña Blanca le envía un mensaje de *WhatsApp* indicándole que "ya no vuelva más" porque están "cansados de sus faltas de respeto". No se remite carta de despido, no se hace referencia a causa disciplinaria ni a desistimiento, no se pone a disposición indemnización alguna ni se abona el preaviso.

El 16 de febrero de 2026, Don Andrés cursa la baja de Doña Laura en la Seguridad Social con código de "baja voluntaria". La trabajadora, al consultar su informe de vida laboral el 20 de febrero de 2026, comprueba dicha baja y remite varios mensajes a la empleadora preguntando si puede reincorporarse. No recibe respuesta. El 1 de marzo de 2026 presenta papeleta de conciliación y, posteriormente, demanda de despido contra Don Andrés y Doña Blanca.

En el acto de juicio, el matrimonio sostiene que:

- No hubo despido, sino "abandono voluntario" de la trabajadora al marcharse de la vivienda tras la discusión.
- La baja en Seguridad Social con código de "baja voluntaria" obedece a lo manifestado por Doña Laura al salir de casa y, en todo caso, se trataría de un "error administrativo" sin trascendencia jurídica.
- Subsidiariamente, alegan que, de entenderse extinguido el contrato por su voluntad, se trataría de un desistimiento empresarial al amparo del art. 11 del RD 1620/2011, con derecho, como máximo, a una indemnización reducida de 12 días de salario por año de servicio.

La trabajadora, por su parte, mantiene que:

- En ningún momento presentó baja voluntaria ni manifestó intención de extinguir el contrato, sino un mero abandono puntual del domicilio por la discusión, con propósito de continuar prestando servicios.

- **La baja en Seguridad Social y la ausencia de contestación a sus mensajes tras el 15 de febrero evidencian la voluntad empresarial de poner fin a la relación laboral sin respetar las formalidades legales.**

- **El cese constituye un despido tácito, que debe calificarse como improcedente, con derecho a la indemnización de 33 días de salario por año de servicio.**

1. **¿Cómo debe calificarse jurídicamente la actuación empresarial (baja en Seguridad Social y falta de llamamiento/reincorporación)? ¿Puede hablarse de dimisión/abandono de la trabajadora o de despido tácito?**

2. **Determinada la existencia de despido tácito, ¿cuál es su calificación (procedente, improcedente o nulo) en una relación laboral especial de empleada de hogar? ¿Qué régimen indemnizatorio resulta aplicable: el específico del art. 11 del RD 1620/2011 o el general del Estatuto de los Trabajadores?**

3. **¿Desde qué fecha debe computarse el plazo de caducidad de la acción de despido en un supuesto de despido tácito como el descrito?**

RESPUESTA

1. Existe un despido tácito y no una dimisión o abandono de la trabajadora

No hay prueba suficiente de que Doña Laura quisiera extinguir la relación laboral:

- La salida puntual del domicilio tras una discusión, con anuncio expreso de que volvería el lunes, es incompatible con una dimisión clara e inequívoca en el sentido del art. 49.1.d) del ET.

- La carga de acreditar la baja voluntaria recae en quien la alega (empleador), ex art. 217 LEC y art. 105.1 LRJS. No basta el código de "baja voluntaria" consignado en la Seguridad Social, que es un dato introducido unilateralmente por la parte empleadora.

- Los mensajes posteriores de la trabajadora solicitando su reincorporación refuerzan la ausencia de voluntad resolutoria por su parte.

Por el contrario, concurren **hechos concluyentes que revelan la voluntad extintiva empresarial**:

- Mensaje de WhatsApp de Doña Blanca indicando expresamente "ya no vuelva más".

- Baja en Seguridad Social cursada al día siguiente, sin causa objetiva ni disciplinaria formalizada y bajo clave de "baja voluntaria" introducida unilateralmente por el empleador.
- Ausencia total de contestación a los mensajes de la trabajadora interesando su reincorporación.

La doctrina consolidada del Tribunal Supremo sobre **despido tácito** exige «hechos o conductas concluyentes» que permitan deducir, de forma inequívoca, la voluntad empresarial de poner fin a la relación laboral. La STS n.º 145/2022, de 14 de febrero, rec. 4897/2018, ECLI:ES:TS:2022:579, por ejemplo, declara: «Para que pueda apreciarse la figura del despido tácito [...] es necesario que la decisión extintiva empresarial se derive de hechos concluyentes reveladores de la intención inequívoca de la empresa de poner fin a la relación jurídico-laboral». Aplicando estos criterios al caso:

- La **baja en la Seguridad Social**, acompañada de un mensaje previo de «no volver» y de la falta total de llamamiento/reincorporación, constituye un **acto extintivo empresarial concluyente**.
- Nos hallamos ante un **despido tácito**, no ante una dimisión ni un abandono del puesto por parte de la empleada de hogar.

2. El despido tácito debe calificarse como improcedente, aplicándose el régimen general del Estatuto de los Trabajadores (33 días/año) en la cuantía indemnizatoria

El incumplimiento de los requisitos formales en el desistimiento/extinción específica de la relación de hogar conduce a la **calificación de despido improcedente** con los **efectos previstos en el ET**, salvo la indemnización específica prevista en el propio RD 1620/2011 cuando proceda. En el caso planteado:

- No hay extinción por causas justificadas formalizada conforme al art. 11.2 del RD 1620/2011.
- El despido es improcedente bajo el régimen común del ET.
- La indemnización correspondiente es, por tanto, la de **33 días de salario por año de servicio**, con el límite de 24 mensualidades (art. 56 ET y art. 110.1 de la LRJS), calculada sobre la retribución total.

3. El cómputo del plazo de caducidad de la acción de despido se inicia desde que la trabajadora tiene conocimiento claro del acto extintivo empresarial.

Tratándose de un despido tácito, el **dies a quo** del plazo de **20 días hábiles** para accionar (art. 103.1 de la LRJS) no es siempre evidente. La doctrina general del Tribunal Supremo exige identificar el momento en que los **hechos concluyentes** permiten conocer inequívocamente la voluntad extintiva empresarial, evitando situaciones de inseguridad jurídica.

En el caso descrito concurren dos fechas relevantes:

- **15 de febrero de 2026**: mensaje de WhatsApp de la empleadora indicando «ya no vuelva más».

- **20 de febrero de 2026**: la trabajadora consulta su vida laboral y constata la baja en Seguridad Social, reiterando sin éxito su voluntad de reincorporarse.

La combinación del mensaje expreso de «no volver» y de la baja en Seguridad Social permite situar el **acto extintivo** en el **15 de febrero de 2026** (fecha del despido verbal), sin perjuicio de que la trabajadora obtenga confirmación documental el 20 de febrero.

Presentada la papeleta de conciliación el **1 de marzo de 2026**, el plazo de 20 días hábiles **no había caducado**, pues entre el 16 de febrero y el 1 de marzo transcurren menos de 20 días hábiles, descontando sábados, domingos y festivos (art. 103.1 de la LRJS). La papeleta de conciliación **suspende el plazo** (art. 65 de la LRJS) hasta la celebración o intento de celebración del acto de conciliación, retomándose posteriormente para la presentación de la demanda.

Por tanto, la acción de despido se ejercita **en plazo** y debe ser examinada en cuanto al fondo, concluyendo, en los términos indicados, la existencia de un **despido tácito improcedente**, con derecho de Doña Laura a la **indemnización de 33 días de salario por año de servicio**, sin salarios de tramitación si la parte empleadora opta por la indemnización en los términos del art. 110.1.a) de la LRJS.

Caso práctico | Límite de pagos en efectivo y retribución de una empleada de hogar

PLANTEAMIENTO

Una persona física contrata a una empleada de hogar al amparo del Real Decreto 1620/2011, de 14 de noviembre, por el que se regula la relación laboral de carácter especial del servicio doméstico familiar.

El salario mensual pactado se abona íntegramente en metálico, sin utilización de cuenta bancaria ni otro medio de pago.

- ¿Es obligatorio que la empleada de hogar cobre por banco? ¿Puede mantenerse el pago íntegro en metálico?
- ¿La limitación de pagos en efectivo de 1.000 euros introducida por la Ley 11/2021 resulta aplicable en este caso?
- ¿Podría considerarse al empleador doméstico como empresario o profesional a efectos de la limitación de pagos en efectivo?

RESPUESTA

El artículo 29.4 del Estatuto de los Trabajadores permite pagar el salario mediante cheque u otras modalidades, incluido el efectivo. El artículo 8 del Real Decreto 1620/2011, de 14 de noviembre, regula las retribuciones en el servicio del hogar familiar:

- **Art. 8.1 del RD 1620/2011:** el salario mínimo aplicable es el SMI, en proporción a la jornada.

- **Art. 8.2 RD 1620/2011:** «Las percepciones salariales se abonarán por el empleador en dinero, bien en moneda de curso legal o mediante talón u otra modalidad de pago similar a través de entidades de crédito, previo acuerdo con el trabajador». El mismo apartado 2 admite salario en especie (alojamiento, manutención, etc.), con límite máximo del 30 % del salario total, garantizando en todo caso el pago en metálico, al menos, de la cuantía del SMI en cómputo mensual.

No obstante, el artículo 7.Uno.1 de la Ley 7/2012, modificado por el artículo decimoctavo de la Ley 11/2021, establece:

> «No podrán pagarse en efectivo las operaciones, en las que alguna de las partes intervinientes actúe en calidad de

empresario o profesional, con un importe igual o superior a 1.000 euros o su contravalor en moneda extranjera (...).»

La propia literalidad del precepto exige **la intervención, al menos, de una parte que actúe "en calidad de empresario o profesional"**. La norma no ha introducido una restricción general a cualquier pago en efectivo de 1.000 euros o más, sino solo a aquellos en que concurra dicha condición subjetiva.

En el caso planteado, el empleador es una **persona física que contrata como titular de un hogar familiar**, encuadrado en el régimen especial del servicio del hogar (RD 1620/2011), y la trabajadora es una **empleada de hogar por cuenta ajena**, no empresaria ni profesional en esa relación.

Por tanto, **no concurre el presupuesto subjetivo (actuación "en calidad de empresario o profesional") exigido por el artículo 7.Uno.1 de la Ley 7/2012**. En consecuencia, **el límite de 1.000 euros por pagos en efectivo no resulta aplicable, en principio, al pago del salario de la empleada de hogar por parte de un empleador doméstico que actúa solo como titular del hogar familiar**.

Solo si la persona que paga el salario **utilizara en realidad esta contratación en el marco de una actividad económica (por ejemplo, servicio doméstico vinculado a una actividad empresarial o profesional)**, podría discutirse la aplicación del límite. En el supuesto planteado, el empleador es trabajador por cuenta ajena, sin actividad por cuenta propia, y contrata estrictamente para su hogar, por lo que **no debe considerarse empresario o profesional** a estos efectos.

Caso práctico | Régimen sancionador por salario inferior al SMI y falta de alta del empleado de hogar

PLANTEAMIENTO

¿Qué multas pueden imponerse al empleador por pagar por debajo del salario mínimo o no tener dado de alta a una persona empleada del hogar?

RESPUESTA

Las sanciones económicas por estas infracciones pueden ser cuantiosas y se determinan en función de los criterios establecidos en el artículo 39 de la LISOS, que incluyen la negligencia, intencionalidad, fraude, número de trabajadores afectados, y la cantidad defraudada, entre otros factores

Con carácter general, las multas que pueden imponerse al empleador por pagar por debajo del salario mínimo o no tener dado de alta a una persona empleada del hogar son las siguientes:

1. No dar de alta a la persona empleada del hogar en el Régimen General de la Seguridad Social:

Se considera una infracción grave, sancionada con una multa de entre 3.750 y 12.000 euros. [Arts. 7.10 y 22.2 de la LISOS].

2. No cotizar por la persona empleada del hogar:

El plazo para dar de alta a una persona en la Seguridad es, a más tardar, el día anterior al comienzo de la actividad. Si esto no se hace, se calificará como una infracción muy grave, obligando al abono de entre el 100,01% y el 150% de las cuotas no ingresadas, además de los recargos e intereses de demora correspondientes. [Art. 23.1.b) de la LISOS].

3. No formalizar el contrato de trabajo:

La LISOS también establece como infracción grave no formalizar el contrato de trabajo cuando sea obligatorio o se exija por el trabajador. Esto podría suponer una multa de entre 751 y 7.500 euros según la gravedad al amparo del artículo 7 de la LISOS.

4. Pagar un salario inferior al salario mínimo interprofesional (SMI):

Se considera una infracción grave, sancionable con una multa de entre 751 y 7.500 euros. Además, la persona empleada del hogar podría reclamar las diferencias salariales existentes entre el SMI y lo efectivamente percibido, incrementado en un 10% de demora. (Art. 7.10 de la LISOS).

5. Emplear a una persona sin permiso de trabajo:

Se considera una infracción muy grave en materia de extranjería, sancionable con una multa de entre 10.001 y 100.000 euros. (Art. 54 de la Ley Orgánica 4/2000, de 11 de enero).

Caso práctico | Extinción en período de prueba en empleada de hogar, enfermedad e impugnación por despido y salarios

PLANTEAMIENTO

El 3 de julio de 2026, D.ª Laura suscribe con D.ª Marta un contrato indefinido a tiempo parcial como empleada de hogar (relación laboral especial del servicio del hogar familiar regulada por el RD 1620/2011), con jornada pactada de 16 horas semanales y salario proporcional al SMI. En el contrato se fija un período de prueba de 3 meses.

Durante el mes de julio y agosto, Laura realiza en realidad una jornada de 32 horas semanales, distribuidas de lunes a viernes de 10 a 16 horas y sábados alternos de 9 a 13 horas. En nómina solo se reflejan 16 horas semanales y la parte proporcional de pagas extras, pero la empleadora le abona en efectivo cantidades adicionales que, según ella, corresponden a "horas de más" y algún producto de limpieza.

El 30 de agosto de 2026, mientras presta servicios en el domicilio, Laura refiere un fuerte dolor en la pierna y acude a urgencias, donde se emite parte de baja por incapacidad temporal con diagnóstico inicial de accidente no laboral. Esa misma tarde remite a la empleadora foto de la pierna vendada e informe de urgencias; al día siguiente la empleadora le pide el parte de baja si no va a acudir a trabajar.

El 31 de agosto de 2026, antes de recibir parte de baja formal, D.ª Marta comunica por *WhatsApp* la extinción de la relación laboral por «no superar el período de prueba», y cursa la baja en Seguridad Social con esa causa dentro de los tres meses posteriores al inicio. Entrega nómina de agosto y un finiquito donde descuenta 168 euros por «vacaciones disfrutadas en exceso», ya que Laura había disfrutado 14 días de vacaciones retribuidas entre el 24 de julio y el 6 de agosto. En total, entre nóminas y pagos en efectivo, la trabajadora percibe menos de lo que correspondería a una jornada de 32 horas semanales al SMI.

Laura presenta demanda solicitando: (i) declaración de nulidad del despido por vulneración del derecho fundamental a la igualdad y no discriminación por enfermedad (Ley 15/2022 y art. 14 CE), con readmisión y salarios de tramitación; subsidiariamente, que se declare la improcedencia del despido; y (ii) reclamación de cantidad por diferencias salariales de julio y agosto (salario y pagas extras según jornada real) y devolución del descuento de 168 euros por vacaciones.

1. ¿Es lícita, en este contexto, la extinción del contrato por no superación del período de prueba en una relación especial de empleada de hogar?

2. ¿Debe calificarse esa extinción como nula por discriminatoria (enfermedad/incapacidad temporal) o, en su defecto, improcedente, o puede ser válida dentro del período de prueba?

3. ¿Cómo deben determinarse las diferencias salariales por la jornada realmente trabajada y el tratamiento de las vacaciones disfrutadas anticipadamente y luego descontadas?

RESPUESTA

En una relación especial de empleada de hogar, la extinción en período de prueba es lícita si el período es válido (ajustado a 2 meses) y no se prueba discriminación, pero ello no impide que el trabajador pueda obtener una condena al pago de diferencias salariales y vacaciones indebidamente descontadas cuando la jornada real y la retribución efectivamente debida no coinciden con lo reflejado en contrato y nóminas.

1. Licitud de la extinción en período de prueba en la relación especial de empleada de hogar

La extinción por no superación del período de prueba, en una relación especial de empleada de hogar, es en principio lícita si el período de prueba es válido y la decisión no obedece a un móvil discriminatorio; en el caso planteado, la extinción es válida como resolución dentro del período de prueba, sin nulidad ni improcedencia.

Debemos analizar la siguiente normativa: art. 14 ET (período de prueba), arts. 5 (fuentes de la relación laboral especial), 6.2 (período de prueba, remisión al art. 14 ET, con límite máximo de 2 meses) y 11 (extinción por causas del art. 49.1 ET y, específicamente, por pérdida de confianza del empleador) del RD 1620/2011, art. 14 del CE y arts. 2, 26 y 30 de la Ley 15/2022, de 12 de julio. (STS n.º 173/2022, de 23 de febrero y STSJ Asturias n.º 112/2025, de 28 de enero, ECLI:ES:TSJAS:2025:107 (caso similar al de referencia).

1. Validez del período de prueba pactado

En el contrato se fijó un período de prueba de 3 meses, mientras que el **art. 6.2 del RD 1620/2011** remite al art. 14 del ET y establece un **límite máximo de 2 meses** para esta relación especial, salvo previsión distinta en convenio colectivo. Ese exceso supone una **cláusula parcialmente nula** por infringir una norma imperativa.

Siguiendo el criterio aplicado en la **STSJ de Asturias n.° 112/2025, de 28 de enero, ECLI:ES:TSJAS:2025:107**, resulta admisible aplicar la llamada **nulidad parcial coactiva**: la cláusula de tres meses se corrige de oficio al máximo legal de dos meses, manteniéndose válido el período de prueba pero reducido a 2 meses.

En el caso planteado, la extinción se comunica el 31 de agosto de 2026, esto es, **dentro de los dos primeros meses** desde el 3 de julio de 2026. Por tanto, una vez corregido el período de prueba al máximo legal, la decisión se sitúa **dentro de un período de prueba válido**.

En esa fase, de acuerdo con el **art. 14 del ET**, cualquiera de las partes puede resolver la relación laboral **ad nutum**, sin necesidad de alegar causa, **salvo que exista motivación discriminatoria o vulneración de derechos fundamentales**.

2. Especificidad de la relación de empleada de hogar

El **RD 1620/2011** subraya dos elementos singulares:

- El trabajo se presta en el **ámbito del hogar familiar**, vinculado a la intimidad personal y familiar.
- La relación se asienta en una **especial confianza** entre empleador y persona trabajadora.

El **art. 11.2.c) del RD 1620/2011** prevé expresamente como causa de extinción, fuera del período de prueba, el **comportamiento de la persona trabajadora que fundamente de manera razonable y proporcionada la pérdida de confianza**. Ello refuerza la idea de que, **durante el período de prueba**, la constatación de conductas que minan gravemente esa confianza (incidentes reiterados, falsedad, simulación de lesiones, etc.) legitima la resolución del contrato, siempre que no se base en una causa prohibida (discriminación).

2. ¿Extinción discriminatoria por enfermedad o válida resolución en período de prueba?

No procede declarar la nulidad por discriminación por enfermedad, al haberse acreditado una causa objetiva y razonable de pérdida de confianza (comportamientos de la trabajadora y convicción de fingimiento de la lesión) que rompe el nexo causal entre la enfermedad/incapacidad y el cese. Tampoco cabe calificarlo como despido improcedente, al tratarse de una válida resolución del contrato en período de prueba corregido al máximo legal (2 meses).

En este caso el marco de protección frente a discriminación por enfermedad se circunscribe a: art. 14 CE (igualdad y no discriminación), **arts. 2 y 26 de la Ley 15/2022 (**prohíben la discriminación por razón de enfermedad o condición de salud, sancionando con **nulidad** los actos discriminatorios), **art. 30 de la Ley 15/2022 (inversión de la carga de la prueba** cuando el trabajador aporta indicios racionales de discriminación; corresponde entonces al empleador acreditar que su decisión responde a una causa objetiva y razonable y es proporcional. (STC 62/2008, STS 17-10-2018, rec. 2154/2016).

En el caso descrito, Laura aporta como indicios:

- Cese comunicado **inmediatamente después** del episodio lesivo y de la atención en urgencias (30–31 de agosto).
- Solicitud por parte de la empleadora del **parte de baja** para el día siguiente.
- Emisión de parte de baja por incapacidad temporal con diagnóstico inicial de **accidente no laboral**, ligado temporalmente al trabajo.

Estos elementos generan un **"panorama indiciario"** suficiente de posible discriminación por enfermedad o, al menos, de conexión cronológica entre **situación de IT** y **decisión extintiva**, tal como reconoce la **STSJ Asturias 112/2025** para un supuesto sustancialmente análogo.

Corresponde a la empleadora, una vez aportados los indicios, probar que su decisión responde a **motivos ajenos a la enfermedad** y que son **objetivos y razonables**. En la sentencia de referencia, el TSJ de Asturias considera acreditado que:

- Existieron **varios incidentes previos** en una relación muy breve (fechas, reproches sobre preparación de comida, conducta con objetos de la casa, etc.).
- El episodio del 30 de agosto fue valorado por el juzgador a partir de **prueba testifical y de convicción** como una **simulación** ("sobreactuación") con finalidad de baja.
- La trabajadora publicó poco después vídeos en redes sociales (TikTok) en los que aparecía **bailando y caminando con aparente normalidad**, incompatibles con la entidad de la lesión alegada en juicio.

Sobre esa base fáctica, la Sala asume el razonamiento de la sección de lo social del tribunal de instancia: la decisión de no superar el período de prueba **no trae causa de la enfermedad o de la IT en sí mismas**, sino de la **pérdida de confianza producida por la convicción de fingimiento y por los incidentes acumulados**. En palabras de la instancia, que el TSJ hace suyas, «la convicción de que la lesión de la actora era fingida es la que determina, junto con otros incidentes, la extinción de la relación, pero no es la lesión en sí».

Además, se destaca que el propio informe médico apuntaba a una **recuperación rápida (3–4 días de reposo)**, lo que reduce el peso del argumento de que el empleador pretendiera eludir un largo periodo de incapacidad.

Aplicando ese mismo criterio al caso planteado, cuando:

- Se acredita una **pérdida de confianza** objetivamente fundada en el comportamiento de la trabajadora.
- La **causa real** del cese es esa pérdida de confianza y no la enfermedad.

- La decisión extintiva se adopta **dentro de un período de prueba válido** (corregido a 2 meses).

procede concluir que **no hay vulneración del derecho fundamental a la igualdad y no discriminación por enfermedad**, por lo que:

- **No procede declarar la nulidad** de la extinción.
- **No se devengan salarios de tramitación ni indemnización adicional por daños morales** ligados a la nulidad.

Descartada la nulidad, solo cabría plantear si la extinción ha de calificarse como **despido improcedente** o como **válida resolución en período de prueba**.

La **STSJ Asturias 112/2025** confirma el criterio de instancia: una vez depurada la cláusula de prueba a 2 meses y siendo la extinción **temporalmente anterior** a ese límite, se trata de una **resolución en período de prueba**. El empleador no tiene obligación de expresar causa ni, por tanto, de asumir las consecuencias indemnizatorias de un despido improcedente (arts. 55 y 56 ET).

En el caso planteado, la fecha de extinción (31 de agosto) se sitúa **dentro del período de prueba válido** (hasta el 2 de septiembre inclusive). No se aprecia un encubrimiento fraudulento de despido disciplinario ni una causa ilícita. Por tanto, la extinción es:

- **Lícita como resolución en período de prueba**.
- **No calificable como despido improcedente**; no procede indemnización por despido ni salarios de tramitación.

3. Determinación de la jornada real, diferencias salariales y tratamiento de las vacaciones

Sí procede reconocer diferencias salariales calculadas sobre la jornada real de 32 horas semanales, con abono de la diferencia entre el salario debido (salario base + prorrata de pagas extras) y lo efectivamente percibido, descontando lo ya abonado en efectivo. Asimismo, el descuento de 168 euros por vacaciones disfrutadas y luego detraídas es indebido: la empleadora no puede recuperar retribuciones de vacaciones ya devengadas y pagadas cuando la extinción anticipada se debe a su decisión; debe reintegrar esa suma con el recargo del 10 % del art. 29.3 del ET.

Aunque el art. 9 del RD 1620/2011 remite al art. 35 del ET en materia de horas extraordinarias, **no excluye la aplicación supletoria del art. 12 ET** sobre el contrato a tiempo parcial. De hecho, el propio RD remarca la voluntad de acercar esta relación especial al régimen común del ET. En consecuencia:

- A las empleadas de hogar a tiempo parcial **les son aplicables las reglas del art. 12 del ET** sobre prohibición de horas extraordinarias y régimen de horas complementarias, salvo en lo relativo a obligaciones de registro expresamente excluidas.

- En contratos a tiempo parcial indefinidos con jornada al menos de 10 horas/semana, el empresario puede ofrecer **horas complementarias voluntarias** hasta un máximo del 15 % (o hasta el 30 % por convenio), además de las pactadas específicamente (art. 12.5 del ET).

- **No existe** obligación inexcusable de firmar un pacto escrito de horas complementarias para que se puedan realizar **horas complementarias voluntarias** [art. 12.5.g) del ET], siempre que se respeten los límites.

En el caso, sobre la base de la sentencia de referencia:

- Consta reconocida por la empleadora la existencia de **trabajo en horas por encima de las 16 semanales pactadas**.

- Se acreditan **pagos adicionales en efectivo** (recibos firmados) que se corresponden con un número elevado de horas «extra» (50 en julio y 30 en agosto en la sentencia, equivalentes a los importes de 10 euros/hora).

- La suma de horas ordinarias y complementarias **supera ampliamente los límites legales** de porcentajes máximos previstos en el art. 12.5 del ET.

La Sala concluye que un exceso continuado y estable de esa entidad **no puede calificarse jurídicamente como simple «horas complementarias»**, sino que refleja una **modificación de facto de la jornada ordinaria**: la jornada real es de 32 horas semanales, el doble de las 16 pactadas. Esta tesis es la que debe aplicarse en el caso práctico.

1. Cálculo de salario debido y diferencias salariales

Tomando como referencia la STSJ Asturias 112/2025 (con importes numéricamente análogos a los del caso práctico):

- Por el mes de julio, para una jornada real de 32 horas semanales, la Sala calcula:
  - **Salario base debido**: 806,40 €.
  - **Prorrata pagas extras**: 134,40 €.
  - **Total debido**: 940,80 €.

- Por el mes de agosto:
  - **Salario base debido**: 864 €.
  - **Prorrata pagas extras**: 144 €.
  - **Total debido**: 1.008 €.

- En nómina solo se habían abonado, por cada mes, la mitad de esas cantidades (equivalentes a 16 horas/semana): 470,40 € (julio) y 504 € (agosto).

- La **diferencia bruta** entre lo debido (jornada real) y lo consignado en nómina es de **974,40 €** (470,40 € x 2 = 940,80; 504 € x 2 = 1.008; diferencia conjunta 974,40 €).

- Sin embargo, la empleadora ha abonado **pagos adicionales en efectivo** por un total de 811,29 € (506,14 € + 305,15 €), que la Sala imputa efectivamente al pago de esas horas.

- Por tanto, la **diferencia salarial pendiente a favor de la trabajadora** se reduce a **163,11 €** (974,40 – 811,29).

Este mismo razonamiento debe trasladarse al Caso práctico | la trabajadora tiene **derecho a percibir el salario correspondiente a la jornada realmente trabajada** (32 horas semanales) sobre la base del SMI y sus pagas extras prorrateadas, **descontando lo ya abonado fuera de nómina** y documentado mediante recibos. El resultado, siguiendo la pauta numérica y jurídica de la sentencia, es una **diferencia salarial neta de 163,11 €**.

Sobre esa cantidad, al tratarse de **salario**, procede aplicar:

- El recargo del **10 % del art. 29.3 ET** (interés por mora salarial) desde la fecha de exigibilidad (**31 de agosto de 2026**, fecha del cese y liquidación) hasta el pago.

- Los **intereses procesales** del art. 576 LEC desde la sentencia que condene al pago.

La Sala, además, aclara que **no cabe pronunciamiento sobre cotizaciones a la Seguridad Social** en el marco del procedimiento de despido con reclamación de cantidad; la eventual infracotización deberá ventilarse en el ámbito administrativo/prestacional oportuno.

2. Vacaciones disfrutadas anticipadamente y descuento en finiquito

En el caso, la relación laboral **se inicia el 3 de julio de 2026 y se extingue el 31 de agosto de 2026**. La trabajadora disfruta **14 días de vacaciones retribuidas** (24 de julio a 6 de agosto) con acuerdo práctico de las partes. Posteriormente, en el finiquito, la empleadora **descuenta 168 € por «parte proporcional de vacaciones»** alegando que se disfrutaron más días de los devengados y que procede su devolución.

El TSJ de Asturias, en el caso de referencia, razona que:

- Las vacaciones se **devengan proporcionalmente** según el tiempo de prestación de servicios.

- En un contrato indefinido, era razonable prever que la trabajadora **llegaría a devengar el resto de las vacaciones** a lo largo del año.

- El disfrute adelantado se realizó **por acuerdo de las partes**, sin imposición unilateral demostrada por la trabajadora.

- La **extinción anticipada** obedece a la decisión del empleador (resolución en período de prueba), que frustra la posibilidad de que la trabajadora complete el periodo de devengo.

- En tales circunstancias, las cantidades abonadas como salario de vacaciones **no constituyen un pago indebido**, ni existe enriquecimiento injusto, pues:

  - La trabajadora **ha disfrutado efectivamente** de esos días de descanso.

  - La retribución abonada lo es **en concepto de salario debido correlativo al descanso**.

  - No ha mediado error en el pago ni causa que justifique su repetición (art. 1895 del CC).

En consecuencia, el descuento practicado en el finiquito (168 €) es **indebido** y debe ser **reintegrado a la trabajadora**.

En el caso práctico, aplicando el mismo criterio:

- Las vacaciones disfrutadas (14 días) fueron acordadas y efectivamente disfrutadas.

- La extinción antes de completar el año de devengo se debe exclusivamente a la decisión extintiva de la empleadora, adoptada dentro del período de prueba.

- Las cantidades abonadas en su día por vacaciones **eran debidas** y no pueden ser objeto de repetición vía descuento en el finiquito.

- Por tanto, la trabajadora tiene derecho a la **devolución de los 168 € descontados**, asimismo con el recargo del 10 % del art. 29.3 del ET desde la fecha del descuento.

Caso práctico | Despido de empleada de hogar y validez de la prueba de videovigilancia

PLANTEAMIENTO

Una empleadora, que debido a su situación de dependencia necesita asistencia domiciliaria, detecta la falta de dinero y objetos personales en el domicilio donde presta servicios una empleada de hogar con jornada parcial. Tras comunicar este hecho a las fuerzas de seguridad, instala, por motivos de sospecha fundada de sustracción, una cámara de videovigilancia en la habitación donde se ubica la caja fuerte, sin informar previamente a la empleada de hogar de la instalación de la cámara ni colocar cartel informativo alguno. La grabación revela claramente la manipulación indebida de la caja fuerte por parte de la empleada, hechos que la empleadora incorpora motivadamente en la carta de despido disciplinario. La empleada presenta demanda por despido y solicita la nulidad de la prueba de videovigilancia por vulneración de derechos fundamentales.

- ¿Puede la empleadora utilizar en el proceso de despido disciplinario la grabación obtenida por el sistema de videovigilancia no informado como prueba válida de los hechos?

RESPUESTA

La prueba de videovigilancia aportada por la empleadora puede ser válida como prueba en el proceso de despido disciplinario en el ámbito de las relaciones laborales de empleadas de hogar, siempre que concurran determinadas circunstancias excepcionales que justifiquen la ausencia de información previa. En las condiciones descritas, la grabación obtenida mediante videovigilancia, aun sin información previa, puede ser válida como prueba en el proceso de despido disciplinario en la relación laboral de servicio del hogar familiar, sin que ello determine automáticamente la nulidad del despido por vulneración de derechos fundamentales (STS n.° 692/2022, de 22 de julio, ECLI:ES:TS:2022:3160). No obstante, la empleadora puede incurrir en infracción administrativa en materia de protección de datos. (Doctrina y jurisprudencia aplicable: art. 89 de la LOPDGDD; STS n.° 692/2022, de 22 de julio, ECLI:ES:TS:2022:3160; STEDH de 17 de octubre de 2019 (López Ribalda II); STC 39/2016, 3 de marzo de 2016).

Con carácter general, la utilización de sistemas de videovigilancia como medio de control disciplinario requiere el cumplimiento de los siguientes requisitos legales (artículo 89 de la LOPDGDD y doctrina STC 39/2016, STS n.º 692/2022):

- Previo deber de información expresa, clara y concisa a la persona trabajadora y, en su caso, a sus representantes, sobre la instalación de cámaras y la finalidad de control laboral.

- Colocación, al menos, del distintivo informativo homologado en lugar visible si se trata de la captación casual de una infracción (art. 89.1 LOPDGDD y art. 22.4 LOPDGDD).

- Respetar el juicio de proporcionalidad, idoneidad y necesidad.

No obstante, **el Tribunal Supremo ha matizado que, en circunstancias excepcionales, en especial en el ámbito de la relación laboral especial de servicio del hogar familiar, la ausencia de información previa puede quedar justificada cuando concurran sospechas legítimas, graves y fundadas de irregularidades o sustracción de bienes, así como situaciones de especial vulnerabilidad de la empleadora** (por ejemplo, persona en situación de dependencia).

Así lo admite expresamente la doctrina del Tribunal Europeo de Derechos Humanos (STEDH 17/10/2019, López Ribalda II), el Tribunal Constitucional y la Sala de lo Social del Tribunal Supremo en la citada STS n.º 692/2022, de 22 de julio, en un supuesto sustancialmente idéntico al planteado.

La Sala IV entiende que, en este contexto y dadas las circunstancias concurrentes (sospecha fundada, dificultad de acreditar los hechos por otros medios, emplazamiento doméstico y vulnerabilidad de la empleadora dependiente), la medida de videovigilancia era idónea, necesaria y proporcional, y cumple con el requisito de proporcionalidad exigido constitucionalmente. No toda ausencia de información determina automáticamente la nulidad de la prueba: sólo cuando no se justifique la medida, no exista sospecha fundada, la grabación no respete el principio de mínima intervención, o se invada la intimidad personal de forma excesiva. El incumplimiento formal puede dar lugar a responsabilidad en materia de protección de datos, pero no necesariamente a la nulidad de la prueba (STC 39/2016, STS n.º 692/2022 y doctrina López Ribalda II).

En el supuesto práctico planteado:

- La videovigilancia se instala para esclarecer una situación de grave sospecha y ante la práctica imposibilidad de actuación alternativa menos intrusiva, existiendo prueba objetiva de sustracción.

- La cámara solo focaliza la zona concreta de la caja fuerte, no registrándose otras estancias ni vulnerando espacios íntimos.

- La especial relación de confianza y la entrada en el domicilio familiar refuerzan la justificación de la medida.

No obstante, ha de tenerse presente que, fuera de supuestos excepcionales muy justificados, y en particular en videovigilancia permanente, la falta de información y de cartel supone causa de nulidad de la prueba disciplinaria.

Caso práctico | Posibles consecuencias legales de la extinción del contrato de una empleada de hogar por ineptitud sobrevenida

PLANTEAMIENTO

Aurora trabaja como empleada de hogar interna en Pontevedra desde abril de 2024, realizando tareas de limpieza, cocina y cuidado de una persona mayor con movilidad reducida. Desde hace años sufre problemas de salud graves (dolor crónico, tendinopatía y trastorno distímico), con tratamientos médicos continuos que no logran controlar el dolor, limitando su capacidad para realizar tareas físicas habituales.

La empleada de hogar presenta crisis frecuentes que le impiden caminar con normalidad y le provocan importantes limitaciones para las tareas físicas habituales en el hogar.

En noviembre de 2026, tras varias bajas médicas y tras la denegación inicial por parte del INSS de la incapacidad permanente, la persona empleadora decide cesarla alegando «variación de necesidades familiares y pérdida de confianza» según el art. 11.2 del RD 1620/2011, sin mencionar su estado de salud ni ofrecer ajustes razonables. Se le abona una indemnización de 12 días por año trabajado y se cumple el preaviso.

Aurora demanda a la empleadora alegando que el despido es discriminatorio por su estado de salud y solicita la nulidad o, subsidiariamente, la improcedencia del despido. La empleadora defiende que la extinción se ajusta al art. 11.2 del RD 1620/2011 y niega discriminación.

1. ¿Hubiese sido posible extinguir el contrato de la empleada de hogar por ineptitud sobrevenida del art. 52.a) del ET? ¿Qué particularidades presenta esta causa en el ámbito del hogar familiar?

2. ¿Existe riesgo de que el despido sea declarado nulo por discriminación por discapacidad o salud, o improcedente por uso fraudulento de la causa especial del art. 11.2 RD 1620/2011?

3. En caso de nulidad del despido en el ámbito del hogar familiar, ¿cómo están resolviendo los tribunales la cuestión

de la readmisión e indemnización, considerando la relación de confianza e intimidad familiar?

4. **¿Cómo actuar en caso de ineptitud sobrevenida de una persona empleada de hogar?**

RESPUESTA

1. Posibilidad de despido objetivo por ineptitud sobrevenida en el empleo de hogar

En abstracto, **sí cabe la extinción por ineptitud sobrevenida del art. 52.a) del ET** en la relación especial de servicio del hogar familiar:

- El **art. 11.1 del RD 1620/2011** remite a las causas de extinción del **art. 49.1 del ET** y, en materia de despido por causas objetivas, al **art. 52 del ET**, «salvo en lo que resulte incompatible con las peculiaridades» de la relación especial.

- Entre ellas, se incluye la **ineptitud sobrevenida del trabajador** [art. 52.a) del ET], entendida como inhabilidad o falta de aptitud para el desempeño del trabajo con posterioridad a su efectiva colocación.

Sin embargo, en el **ámbito del hogar familiar**, su aplicación práctica presenta particularidades relevantes:

- La **carga probatoria y justificativa** recae sobre la persona empleadora, que debe acreditar que, pese a la adopción de **ajustes razonables** —reorganización de tareas, reducción de exigencias físicas, cambios en horarios o funciones, etc.—, la empleada sigue siendo objetivamente inhábil para las funciones esenciales del puesto.

- Tras el **RDL 16/2022** y la reforma del art. 11 de la RD 1620/2011, se han reforzado las **causas específicas de extinción con indemnización reducida** (disminución de ingresos, modificación de necesidades, pérdida de confianza) que, por su flexibilidad y menor exigencia probatoria, son las que **habitualmente se utilizan en la práctica**, en lugar de articular un despido objetivo por ineptitud sobrevenida.

En consecuencia, la **vía del art. 52.a) del ET es teóricamente posible pero poco utilizada en este sector**; su utilización correcta exigiría:

- Informe médico-laboral que vincule las limitaciones funcionales con las tareas del hogar.

- Acreditación de los ajustes razonables ofertados (y su excesiva carga u onerosidad para la unidad familiar).

- Observancia estricta de requisitos formales e indemnización de 20 días/año (no los 12 días/año del art. 11.2 RD 1620/2011).

2. Riesgo de nulidad por discriminación por salud/discapacidad o, subsidiariamente, de improcedencia

a) Nulidad por discriminación por discapacidad o salud

En un contexto como el descrito —enfermedad crónica grave, dolor persistente, etc.— existe un **riesgo elevado** de que la trabajadora sea considerada **persona con discapacidad a efectos de la Ley 15/2022** y de la doctrina del TJUE, aunque no tuviese aún reconocido oficialmente un grado de incapacidad permanente en la fecha del cese.

Los indicios concurrentes serían:

- **Temporalidad y proximidad** entre el agravamiento clínico (dolor crónico invalidante, distimia) y el cese.

- **Uso de causas genéricas** del art. 11.2 del RD 1620/2011 (pérdida de confianza/modificación de necesidades) sin concretar hechos ni acreditar cambios reales en la unidad familiar.

- **Ausencia de oferta o estudio de ajustes razonables** (redistribución de tareas menos físicas, reducción de esfuerzos, apoyo externo complementario).

- **Posterior reconocimiento judicial de incapacidad permanente absoluta** (como sucede en el caso análogo resuelto por la **STSJ Galicia n.º 3566/2021, de 30 de septiembre, ECLI:ES:TSJGAL:2021:5499**, si bien en ese asunto el debate se centra en el alta asimilada para la IP, ilustra la gravedad del cuadro clínico de una empleada de hogar con dolor crónico y trastorno distímico).

A la luz del **art. 2.1 de la Ley 15/2022** y del **art. 55.5 ET** (vía supletoria), el despido será **nulo** si concurre un **móvil discriminatorio por salud o discapacidad** o se vulnera el derecho fundamental a la igualdad y no discriminación, siendo suficiente la existencia de **indicios serios de que la verdadera causa del cese es el estado de salud**. Corresponde entonces a la empleadora **destruir dichos indicios**, acreditando una causa objetiva y razonable ajena a la enfermedad.

En el empleo de hogar, esa acreditación es especialmente exigente, puesto que las causas de «pérdida de confianza» o «variación de necesidades» son conceptualmente abiertas y pueden operar como **causas pantalla**. Si el órgano judicial concluye que no se han probado cambios relevantes en la situación económica o de cuidados de la familia, y el elemento determinante del cese fue el empeoramiento de la salud de Aurora y las dificultades derivadas de su dolencia crónica, la decisión extintiva **tiene un alto riesgo de ser calificada como nula por discriminación**.

b) Improcedencia por utilización fraudulenta del art. 11.2 del RD 1620/2011

Si no se aprecia vulneración de derechos fundamentales, el segundo escalón es la **improcedencia**:

- El **art. 11.1 del RD 1620/2011** exige que las causas de extinción se apliquen respetando la normativa laboral común, salvo en las peculiaridades específicas del hogar.

- El **art. 11.2 del RD 1620/2011** permite la extinción con indemnización de 12 días/año por disminución de ingresos, modificación sustancial de necesidades o pérdida de confianza, pero requiere que dichas causas estén **razonablemente acreditadas** y no se utilicen para eludir otros regímenes legales (despido disciplinario u objetivo).

Cuando la carta de extinción no concreta hechos verificables, no prueba cambio alguno en la unidad familiar, y en realidad encubre la reacción al empeoramiento de la salud de la empleada y a sus limitaciones funcionales, la doctrina social viene declarando que **no se ha justificado la causa especial del art. 11.2**, lo que conduce a **calificar el cese como despido improcedente** con indemnización **de 33 días/año** (art. 56 del ET), aplicable supletoriamente a esta relación especial cuando se reputa despido (STS n.º 720/2024, de 22 de mayo, ECLI:ES:TS:2024:2899, para el régimen post 09/09/2022; criterio ya anticipado en la jurisprudencia de la Sala IV y de diversos TSJ en casos de despido tácito o defectos formales en el hogar familiar).

Por tanto, aun sin apreciar discriminación, el riesgo mínimo para la empleadora, en un supuesto como el descrito, es una **declaración de improcedencia** con condena a indemnización de 33 días por año de servicio (límite 24 mensualidades), calculada sobre toda la retribución (incluida manutención, alojamiento y pagas extras prorrateadas), y salarios de tramitación si opta por la readmisión (opción que, en la práctica, casi nunca se ejerce en este ámbito).

3. Consecuencias prácticas de la nulidad en el hogar familiar: ¿readmisión o sólo indemnización en el hogar familiar?

La **regla general** de la nulidad del despido por vulneración de derechos fundamentales es la **readmisión inmediata con abono de salarios de tramitación** (art. 55.6 y 56 del ET, aplicables supletoriamente, junto con los arts. 108 y 113 de la LRJS). No obstante, en el **servicio del hogar familiar esta solución suscita serias dificultades prácticas:**

- La prestación de servicios se desarrolla en el **espacio de máxima intimidad** de la unidad familiar.

- La relación se basa en una **confianza personal muy intensa**, especialmente cuando se han judicializado conflictos vinculados a la salud, a la calificación de la extinción o a eventuales discriminaciones.

Por ello, una parte relevante de la doctrina judicial viene **modulando los efectos de la nulidad** en este ámbito **mediante dos planos:**

- Algunos órganos (p.ej., SJS de Barcelona n.º 502/2014, de 1 de octubre, ECLI:ES:JSO:2014:135, y pronunciamientos posteriores de TSJ) **evitan imponer la readmisión** y, ante la inviabilidad de reanudar una convivencia laboral en el domicilio, **optan por reconducir la solución a una indemnización equiparable al despido improcedente,** aunque el motivo sea discriminatorio, ponderando el derecho a la intimidad del hogar y la imposibilidad real de recomposición de la relación.

- En otros casos, especialmente cuando existe un reconocimiento posterior de **incapacidad permanente absoluta** (como en la **STSJ Galicia n.º 3566/2021,** en el ámbito prestacional) la propia situación médica de la trabajadora hace **materialmente inviable la readmisión,** por lo que la discusión se centra en la **indemnización resarcitoria y/o adicional** por daños morales derivados de la vulneración de derechos fundamentales.

> **A TENER EN CUENTA. Si se declara la nulidad por discriminación por salud/discapacidad**: en puridad, debería ordenarse la readmisión con salarios de tramitación. Sin embargo, en la práctica y atendiendo a la naturaleza de la relación especial, **los tribunales tienden a sustituir la readmisión por una indemnización reforzada** (al menos equivalente a la del despido improcedente, sin perjuicio de posibles daños morales añadidos), evitando forzar una convivencia y una confianza imposibles. **Si se declara la improcedencia** (sin vulneración de derechos fundamentales): la consecuencia ordinaria será la **indemnización de 33 días/año.** En el empleo de hogar, la opción empresarial por la readmisión es prácticamente residual, por las mismas razones de intimidad y confianza.

4. ¿Cómo actuar en caso de ineptitud sobrevenida de una persona empleada de hogar?

En la relación especial de empleadas de hogar, la **ineptitud sobrevenida del art. 52.a) del ET es jurídicamente posible,** pero su aplicación práctica exige **un elevado estándar probatorio y de ajustes razonables.** La práctica habitual de acudir a las causas específicas del art. 11.2 del RD 1620/2011 (pérdida de confianza/variación de necesidades) en presencia de dolencias graves y persistentes la familia empleadora debe tener presente un **triple plano:**

- **Para que el despido objetivo sea procedente,** la persona empleadora debe poder demostrar que las limitaciones físicas o psíquicas son permanentes o muy duraderas, y que impiden realmente las funciones esenciales del puesto, sin posibilidad razonable de asignar otras tareas dentro de la misma categoría que sí sean compatibles.

- **Nulidad del despido** por discriminación por salud/discapacidad (art. 2.1 del Ley 15/2022), con tendencia doctrinal a sustituir la readmisión por una **indemnización reforzada**. No obstante, por las particularidades de la relación especial (intimidad del domicilio familiar), el criterio doctrinal indica que en el ámbito del hogar familiar, aunque el despido sea nulo, no se obliga a la readmisión de la empleada de hogar.

- **Improcedencia** si no se acredita la causa específica del art. 11.2, con aplicación supletoria del régimen del despido improcedente (33 días/año). Con carácter general debemos entender que en lugar de las consecuencias típicas del despido nulo (readmisión + salarios de tramitación), la sección de lo social del TI condenará a pagar una indemnización equivalente a la del despido improcedente

A la hora de aportar pautas de actuación coherentes con la extinción del contrato ante una ineptitud sobrevenida de la persona al servicio del hogar ligada a enfermedad, discapacidad u otra causa protegida debemos tener presente que se trata de una «zona gris» **del art. 52.a) del ET y de la regulación específica del servicio del hogar familiar** (RD 1620/2011) y su régimen de extinción, por ello, para un hogar familiar puede ser más prudente (según el caso) fundar la extinción en las causas específicas del servicio del hogar familiar (disminución de ingresos, cambio de necesidades de la unidad familiar, etc.), con la indemnización y formalidades previstas en la normativa especial. No obstante, debemos ser conscientes de que se trata, especialmente cuando concurra una enfermedad crónica susceptible de protección antidiscriminatoria, de un **uso meramente formal o genérico de la pérdida de confianza** o la variación de necesidades del art. 11.2 del RD 1620/2011 que puede implicar la necesidad de hacer frente a una indemnización por despido improcedente.

Caso práctico | Extinción del contrato de una empleada de hogar por pérdida de confianza

PLANTEAMIENTO

D. Carlos tiene contratada a D.ª Laura como empleada de hogar interna, con contrato indefinido y jornada completa, desde el 1 de marzo de 2021. El salario mensual en dinero, con pagas extraordinarias prorrateadas, asciende a 1.300 euros.

Entre sus funciones están las tareas domésticas y el cuidado de los dos hijos menores de D. Carlos. En los últimos meses, D.ª Laura ha incumplido reiteradamente las instrucciones sobre el cuidado de los menores (dejándolos solos en franjas horarias en las que debía estar al cargo, no siguiendo pautas médicas indicadas y desatendiendo horarios de recogida), lo que ha generado una pérdida de confianza en su desempeño.

D. Carlos desea extinguir el contrato al amparo del art. 11.2.c) del Real Decreto 1620/2011, de 14 de noviembre, por el comportamiento de la persona trabajadora que fundamenta de manera razonable y proporcionada la pérdida de confianza de la persona empleadora.

- ¿Qué pasos formales debe seguir para extinguir el contrato por esta causa?
- ¿Cómo calcular la indemnización y el preaviso?
- ¿Qué riesgos tiene el incumplimiento de dichos requisitos (especialmente a la luz de la reciente doctrina sobre la extinción de contratos de empleados de hogar)?

RESPUESTA

Para extinguir válidamente el contrato de la empleada de hogar por pérdida de confianza al amparo del art. 11.2.c) RD 1620/2011, la persona empleadora debe formalizar la decisión por escrito, detallando hechos y causa, poner simultáneamente a disposición la indemnización de 12 días/año (límite 6 mensualidades), respetar el preaviso de 20 días (o indemnizar) y la licencia retribuida de 6 horas semanales para buscar empleo y respetar la franja horaria de extinción en caso de interna y documentar adecuadamente el finiquito y la baja en Seguridad Social.

El incumplimiento de la forma escrita o de la puesta a disposición de la indemnización desplazaría la extinción al régimen de despido del ET, con un coste indemnizatorio muy superior y el riesgo de declaración de improcedencia o nulidad, a la luz de la doctrina reciente del Tribunal Supremo y de los Tribunales Superiores de Justicia sobre el empleo de hogar.

1. Calificación jurídica de la decisión extintiva

La relación laboral especial del servicio del hogar familiar puede extinguirse por las causas del art. 49.1 del ET (régimen común) y, además, por causas específicas (art. 11.2 del Real Decreto 1620/2011, de 14 de noviembre) entre las que se encuentra el comportamiento de la persona trabajadora que fundamenta de manera razonable y proporcionada la pérdida de confianza de la persona empleadora [art. 11.2.c)]. **Esta causa no es un despido disciplinario en sentido estricto** (que seguiría el art. 54 ET), sino una causa específica de extinción para el empleo de hogar, con su propio régimen indemnizatorio y formal.

La jurisprudencia social reciente sobre esta causa incluye, entre otras, supuestos en los que se ha apreciado pérdida de confianza por:

- Conductas de especial gravedad en el domicilio (introducción de terceras personas sin autorización en horario de pernocta del empleador: SJS-Oviedo n.º 183/2023, de 30 de junio, ECLI:ES:JSO:2023:3543).

- Comportamientos de la empleada de hogar que razonablemente generan desconfianza objetiva respecto al cuidado de menores o la gestión del hogar [pérdida de confianza regulada en el art. 11.2.c) y analizada, de forma más amplia, por la STSJ de Madrid n.º 577/2024, de 12 de septiembre, ECLI:ES:TSJM:2024:10538].

2. Requisitos formales que debe cumplir la persona empleadora

Conforme al art. 11.2 del RD 1620/2011, D. Carlos debe cumplir cumulativamente los siguientes requisitos:

a) Comunicación escrita de la extinción. La decisión extintiva debe **comunicarse por escrito** a D.ª Laura, de forma **clara e inequívoca**, expresando:

- La **voluntad de extinguir el contrato**.

- La **causa concreta**: comportamiento que fundamenta la pérdida de confianza [art. 11.2.c)].

- Los **hechos específicos** en que se basa (fechas, situaciones de incumplimiento de las instrucciones sobre el cuidado de los menores, etc.).

A TENER EN CUENTA. No es necesario que la carta califique el cese como «despido», pero sí debe constar que se acoge al **art. 11.2.c) del RD 1620/2011** para evitar dudas sobre la causa extintiva.

---

b) Puesta a disposición simultánea de la indemnización. En el mismo momento de entregar la carta, D. Carlos debe poner a disposición de D.ª Laura una **indemnización equivalente a 12 días de salario por año de servicio,** con el límite de **seis mensualidades** (art. 11.2, párrafo tercero). Atendiendo al supuesto planteado el **cálculo en el caso** (a título ilustrativo):

- Antigüedad: del 1-3-2021 al 1-3-2023: **2 años.**
- Salario mensual en dinero (incluida prorrata de extras): 1.300 euros.
- Salario diario: 1.300 / 30 = 43,33 euros.
- Indemnización: 12 días/año × 2 años × 43,33 € = **1.039,92 euros.**

A TENER EN CUENTA. La indemnización debe constar en la carta y en el finiquito, pudiendo abonarse en metálico, transferencia o cheque. Es esencial poder acreditar que efectivamente se puso a disposición de la trabajadora en la fecha de entrega de la comunicación.

---

c) Preaviso y licencia retribuida para buscar empleo. Si la relación laboral ha superado un año, como ocurre en el caso (2 años de servicios), el empleador debe conceder un **preaviso mínimo de 20 días** desde la comunicación hasta la fecha de efectos de la extinción (art. 11.2, párrafo cuarto). Durante el preaviso, la empleada de hogar a jornada completa tiene derecho a una **licencia de 6 horas semanales retribuidas** para la búsqueda de nuevo empleo (art. 11.2, párrafo quinto).

El empleador puede **sustituir el preaviso** por una indemnización equivalente a los salarios de ese periodo (20 días) (art. 11.2, párrafo sexto). Esa compensación se sumaría a la indemnización de 12 días/año.

d) Limitación horaria en caso de empleada interna. Al ser D.ª Laura interna, la **decisión extintiva no puede ejecutarse entre las 17:00 y las 8:00 horas del día siguiente,** salvo falta muy grave a los deberes de lealtad y confianza (art. 11.4). La entrega de la carta y, en su caso, la salida efectiva del domicilio debe respetar esa franja horaria.

e) Finiquito y resto de documentos. Es aconsejable entregar, junto con la carta, un **documento de liquidación y finiquito** con detalle de:

- Salario del mes en curso hasta la fecha de efectos.
- Vacaciones devengadas y no disfrutadas.
- Partes proporcionales de pagas extraordinarias no prorrateadas, en su caso.
- Indemnización de 12 días/año y, en su caso, compensación de preaviso.

Deberá también **cursarse la baja en la Seguridad Social en el Sistema Especial para Empleados de Hogar, en plazo.**

3. Consecuencias del incumplimiento de los requisitos del art. 11.2

Si no se cumplen los requisitos relativos a la **forma escrita de la comunicación** o a la **puesta a disposición de la indemnización**, se **presume** que la persona empleadora opta por la aplicación del **régimen extintivo del despido regulado en el ET**. Es decir, la decisión podría calificarse como **despido improcedente** o **nulo**, con las consecuencias indemnizatorias del art. 56 del ET (33 días/año, máx. 24 mensualidades), en lugar de los 12 días/año. (Art. 11.3 del RD 1620/2011).

Excepciones a esa presunción: la no concesión **del preaviso** o el **error excusable en el cálculo de la indemnización** no suponen que se haya optado por el despido, sin perjuicio de la obligación de abonar los salarios de ese periodo o completar la indemnización correcta.

La Sala de lo Social del Tribunal Supremo ha aplicado esta lógica al antiguo desistimiento (STS n.º 720/2024, de 22 de mayo, ECLI:ES:TS:2024:2899), y el mismo criterio resulta trasladable al actual régimen del art. 11.2 y 11.3: **la omisión de la forma escrita o de la indemnización simultánea desplaza la extinción al régimen del despido improcedente**.

4. Actuaciones de las partes

1. Persona empleadora

Redactar carta de extinción indicando:

- Datos de ambas partes y fecha de efectos.
- Referencia al **art. 11.2.c) del RD 1620/2011**.
- Descripción detallada de los **incumplimientos en el cuidado de los menores** (fechas, situaciones, instrucciones desatendidas...), justificando que generan una pérdida de confianza razonable y proporcionada.

Calcular y poner a disposición la indemnización de 12 días/año (1.039,92 euros en el ejemplo) en el momento de entrega de la carta.

Otorgar el preaviso de 20 días o, si no desea que D.ª Laura continúe en el domicilio, **indemnizarlo** (20 días de salario) y dejar constancia clara de ello en la carta y en el finiquito.

Respetar la franja horaria (no comunicar ni ejecutar la salida entre las 17:00 y las 8:00 horas, salvo falta muy grave).

Liquidar el finiquito (salarios pendientes, vacaciones no disfrutadas, partes proporcionales de pagas, etc.) y entregar copia para firma –sin perjuicio de que la trabajadora pueda manifestar no estar conforme–.

Cursar la baja en la Seguridad Social en tiempo y forma.

2. Posible impugnación de la persona al servicio doméstico

Impugnar la extinción en el **plazo de 20 días hábiles** desde la fecha de efectos (art. 59.3 del ET), mediante papeleta de conciliación previa y demanda de despido.

Solicitar que se declare la **improcedencia** si entiende que los hechos no justifican razonablemente la pérdida de confianza, o no se han cumplido los requisitos de forma escrita o indemnización simultánea del art. 11.2 y 11.3 del RD 1620/2011.

Solicitar la **nulidad** si la causa real encubriera una motivación discriminatoria o vulneradora de derechos fundamentales (embarazo, represalia por reclamaciones, etc.).

En caso de declararse la **improcedencia**, la indemnización a abonar se fijaría conforme al art. 56 del ET (33 días de salario por año de servicio, con el límite de 24 mensualidades), sensiblemente superior a los 12 días/año del art. 11.2 del RD 1620/2011.

Caso práctico | Extinción del contrato de empleada de hogar por jubilación y disminución de ingresos de la empleadora

PLANTEAMIENTO

Doña Laura viene prestando servicios como empleada de hogar desde mayo de 2013 en el domicilio de Doña Carmen, en Oviedo, con una jornada de 12 horas semanales y un salario de 160 euros brutos mensuales (incluidas pagas extraordinarias y vacaciones).

Doña Carmen, médica de familia del Servicio de Salud del Principado, percibía antes de su jubilación un salario neto de aproximadamente 3.900 euros mensuales. El 21 de marzo de 2024 es jubilada forzosamente, pasando a percibir una pensión de jubilación neta de 2.450 euros mensuales.

El 5 de abril de 2024, Doña Carmen remite a la trabajadora una comunicación escrita por burofax en la que indica que, como consecuencia de su jubilación, ha sufrido una importante disminución de ingresos y dispone de más tiempo libre para realizar personalmente las tareas domésticas, por lo que procede a extinguir el contrato de trabajo de empleada de hogar con efectos de 30 de abril de 2024. En la carta se hace referencia expresa a la disminución de ingresos derivada de la jubilación como causa objetiva de extinción al amparo del art. 11.2.a) del RD 1620/2011, de 14 de noviembre, y se indica que se abonará la indemnización legal de 12 días de salario por año trabajado, así como que se respeta el preaviso de 20 días.

El mismo día 5 de abril de 2024, Doña Carmen realiza una transferencia a favor de Doña Laura por importe de 704 euros, en concepto de indemnización por extinción de la relación laboral (12 días/año × 11 años completos de servicio × salario diario calculado sobre 160 euros/mes). La baja en Seguridad Social de la trabajadora se produce el 30 de abril de 2024.

La trabajadora presenta demanda por despido improcedente alegando, en síntesis, que: (i) la empleadora no ha probado una situación económica negativa grave, sino solo una diferencia entre salario y pensión; (ii) el salario que percibía (160 euros mensuales) es irrelevante para la economía de la empleadora; y (iii) la jubilación de la empleadora no puede utilizarse como excusa para extinguir el contrato, debiendo considerarse el cese como un despido sin causa.

- **¿Puede considerarse la disminución de ingresos derivada de la jubilación de la empleadora causa válida y suficiente de extinción del contrato de una empleada de hogar al amparo del art. 11.2.a) del RD 1620/2011, en la redacción dada por el RDL 16/2022, o debe calificarse la extinción como despido improcedente?**

RESPUESTA

Sí, la disminución de ingresos derivada de la jubilación de la empleadora, cuando se acredita objetivamente y se cumplen las exigencias formales e indemnizatorias del art. 11.2 del RD 1620/2011, es causa válida y suficiente para extinguir el contrato de una empleada de hogar.

A modo de ej., la STSJ de Asturias, rec. 1168/2024 de 08 de octubre, ECLI:ES:TSJAS:2024:2371, ha entendido que la jubilación produce dos efectos que la Sala considera causas justificadas:

- **Disminución de ingresos** (art. 11.2.a RD 1620/2011).

- **Modificación de necesidades de la unidad familiar (art. 11.2.b)**, porque la empleadora ahora tiene más tiempo libre para asumir las tareas domésticas ella misma.

En el supuesto concurren los mismos elementos que el TSJ de Asturias ha considerado determinantes:

Existencia de relación laboral especial de hogar familiar (RD 1620/2011) con antigüedad superior al año y jornada parcial.

Circunstancia sobrevenida: jubilación forzosa de la empleadora, que pasa de percibir un salario neto de aprox. 3.900 euros a una pensión neta de aprox. 2.450 euros, esto es, una **disminución clara y objetivable de ingresos**.

Conexión causal expresada por escrito: en el burofax se indica expresamente que la extinción obedece a la disminución de ingresos derivada de la jubilación, al amparo del art. 11.2.a) RD 1620/2011, y a la mayor disponibilidad de tiempo para asumir personalmente las tareas del hogar (lo que, además, puede subsumirse en la letra b) del mismo precepto como modificación de las necesidades de la unidad familiar).

Cumplimiento de requisitos formales:

- Comunicación escrita de la extinción con indicación de la causa.

- Preaviso de 20 días (contrato con duración superior al año).

- Puesta a disposición simultánea de la indemnización de 12 días por año de servicio mediante transferencia bancaria el mismo día del burofax, cuantía que, salvo error aritmético, se ajusta a la fórmula legal.

No se aprecia incumplimiento de los requisitos del art. 11.2 y 11.3 RD 1620/2011 que permita desplazar el régimen a la órbita del despido del ET.

Los argumentos de la trabajadora (irrelevancia cuantitativa del salario de 160 euros mensuales, ausencia de «crisis» económica grave) no son acordes al criterio del TSJ de Asturias:

- La ley **no exige proporcionalidad** entre la cuantía del salario de la empleada de hogar y el impacto de la disminución de ingresos, sino tan solo que la disminución sea **real y objetivable**.

- Tampoco condiciona la causa a los parámetros del despido objetivo empresarial del art. 52 c) ET (pérdidas, disminución persistente de ingresos, etc.), sino que se limita a una «disminución de los ingresos de la unidad familiar», lo que en este caso se cumple con creces.

En atención a lo anterior, y siguiendo la doctrina de la STSJ de Asturias n.º 1557/2024, la extinción del contrato de Doña Laura acordada por Doña Carmen:

- Debe calificarse como **extinción ajustada a derecho** por causa justificada al amparo del art. 11.2.a) RD 1620/2011 (y, en su caso, también 11.2.b)).

- **No constituye despido** en el sentido del ET ni, por tanto, puede declararse su improcedencia.

- La trabajadora tiene derecho únicamente a la **indemnización de 12 días/año** ya percibido, sin que procedan salarios de tramitación ni la readmisión.

Solo si la empleadora hubiera incumplido los requisitos esenciales (falta de comunicación escrita, ausencia de expresión de la causa, no puesta a disposición de la indemnización) operaría la presunción del art. 11.3 RD 1620/2011 y podría reconducirse el análisis al régimen del despido y su posible improcedencia, lo que no sucede en el caso planteado.

Caso práctico | Extinción del contrato de empleada de hogar por incremento de gastos de la unidad familiar

PLANTEAMIENTO

D. Tomás tiene contratada desde el 1 de enero de 2013 a D.ª Rosa como empleada de hogar, 3 horas a la semana, en su domicilio familiar. El contrato es a tiempo parcial, con un salario bruto mensual de 150 euros (incluida la prorrata de pagas extraordinarias), estando correctamente dada de alta en el Sistema Especial para Empleados de Hogar.

La unidad familiar está formada por D. Tomás, su esposa D.ª Marta y su hijo único, Javier, que en el curso 2023-2024 finaliza 2.º de Bachillerato.

La esposa, profesora universitaria, ha venido prestando servicios desde 2021 en una universidad de otra ciudad, con desplazamientos periódicos al extranjero. Durante los cursos 2022-2023 y 2023-2024 percibió un plus de movilidad de 760 euros mensuales por estancias de varios meses en el extranjero, plus que dejó de percibir definitivamente al finalizar el curso 2023-2024.

En junio de 2024, Javier formaliza matrícula en una universidad privada de su ciudad, con un coste total de 5.600 euros el primer curso, satisfecho mediante un pago inicial de 600 euros en julio y cuotas mensuales de 560 euros desde octubre de 2024.

El 27 de septiembre de 2024, D. Tomás remite a D.ª Rosa una carta por burofax comunicando la extinción del contrato de trabajo con efectos de 20 de octubre de 2024, al amparo del art. 11.2.a) del Real Decreto 1620/2011, alegando un incremento de los gastos familiares por circunstancia sobrevenida, derivado del inicio de los estudios universitarios de su hijo y de la pérdida del plus de movilidad de su esposa, que hace insostenible el mantenimiento del coste de la empleada de hogar. En la misma comunicación se le pone a disposición una indemnización calculada a razón de 12 días de salario por año de servicio, con el límite de seis mensualidades, y se respeta el preaviso de 20 días.

D.ª Rosa, que se encuentra en situación de incapacidad temporal por enfermedad común (tratamiento oncológico) desde noviembre de 2023, recibe el burofax el 1 de octubre de 2024. Es dada de alta médica el 18 de octubre de 2024, produciéndose la baja laboral definitiva el 20 de octubre de 2024, fecha de efectos de la extinción.

La trabajadora presenta demanda de despido solicitando:

- Con carácter principal, la declaración de nulidad del despido por discriminación por enfermedad, al amparo de la Ley 15/2022, de 12 de julio, integral para la igualdad de trato y la no discriminación.

- Subsidiariamente, la declaración de improcedencia, alegando que el inicio de estudios universitarios del hijo no es una "circunstancia sobrevenida" y que, aunque exista un nuevo gasto, la unidad familiar tiene ingresos suficientes para seguir asumiendo su salario y cotizaciones.

Con esta base fáctica, se plantea la siguiente cuestión:

- ¿Puede considerarse ajustada a derecho la extinción del contrato de la empleada de hogar acordada por el empleador en aplicación del art. 11.2.a) del RD 1620/2011, por incremento de los gastos de la unidad familiar por circunstancia sobrevenida (inicio de estudios universitarios del hijo y pérdida de un plus), o debe calificarse el despido como nulo por vulneración de derechos fundamentales (discriminación por enfermedad) o, en su defecto, como improcedente?

RESPUESTA

La extinción del contrato es válida como causa objetiva específica del servicio del hogar familiar por incremento de gastos de la unidad familiar, y no procede declarar el despido nulo ni improcedente, siempre que se hayan cumplido las exigencias formales del art. 11.2 del RD 1620/2011.En un supuesto como el planteado:

- La pérdida de un plus de movilidad significativo y el inicio de estudios universitarios del hijo, con un coste mensual relevante para la unidad familiar, constituyen un **incremento de gastos por circunstancia sobrevenida** a los efectos del art. 11.2.a) del RD 1620/2011.

- La extinción del contrato de la empleada de hogar basada en esa causa, debidamente probada y formalizada (carta escrita con expresión de la causa, preaviso y puesta a disposición de la indemnización de 12 días/año con el límite de 6 mensualidades), es **ajustada a derecho**.

- Aunque la trabajadora se encuentre en incapacidad temporal por enfermedad grave, la decisión extintiva no es nula si el empleador acredita una justificación objetiva, razonable y proporcionada desvinculada de la enfermedad, de acuerdo con el art. 30 de la Ley 15/2022 y el art. 181.2 LRJS.

- En línea con el criterio de la STSJ País Vasco n.º 2538/2025, de 26 de noviembre (rec. 1753/2025, ECLI:ES:TSJPV:2025:4024), la demanda de la trabajadora debería ser desestimada, manteniéndose la validez de la extinción y, en su caso, únicamente procediendo a abonar la diferencia que pudiera existir por error en el cálculo de la indemnización.

1. Incremento de gastos por circunstancia sobrevenida: concepto y aplicación

La clave está en determinar si concurren los requisitos del art. 11.2.a) del RD 1620/2011:

- **Existencia de un incremento de gastos de la unidad familiar**: en el supuesto planteado concurren dos elementos acreditables documentalmente:
  - La pérdida del plus de movilidad (en torno a 760 euros mensuales) que venía percibiendo la esposa y que desaparece en el curso 2024-2025.
  - La aparición de un nuevo gasto mensual relevante: las cuotas de matrícula universitaria del hijo (560 euros/ mes desde octubre), precedidas de un pago inicial de 600 euros en julio.

Este conjunto de datos revela objetivamente un aumento de las obligaciones de pago mensuales de la unidad familiar respecto de la situación existente cuando se concertó y desarrolló la relación laboral con la empleada de hogar.

- **Carácter «sobrevenido» del incremento**:
  - El término «sobrevenida» no debe identificarse necesariamente con «imprevista» o «sorprendente». La jurisprudencia social (por todas, STSJ País Vasco n.º 2538/2025, de 26 de noviembre, rec. 1753/2025, ECLI:ES:TSJPV:2025:4024) ha entendido que la circunstancia sobrevenida es aquella que se produce **después** de la contratación y que altera la situación económica de la unidad familiar.
  - Que el hijo finalice Bachillerato y pueda iniciar estudios universitarios es, en términos generales, previsible, pero el hecho económico concreto (elección de centro, importe de la matrícula, forma de pago, desaparición simultánea del plus de movilidad, etc.) es un dato que surge con posterioridad al inicio de la relación laboral y modifica la estructura de ingresos y gastos del hogar.

Por ello, el inicio de los estudios universitarios, con el coste mensual asociado, y la pérdida del plus de movilidad constituyen una **circunstancia sobrevenida** en la acepción del art. 11.2.a) del RD 1620/2011.

- **Necesidad de acreditar la realidad del incremento**:
  - El empleador debe acreditar documentalmente los nuevos gastos (recibos de matrícula, justificantes de cuotas mensuales) y, en su caso, la desaparición de ingresos (fin del plus de movilidad, modificación del contrato de la esposa, etc.).
  - No se exige una insolvencia total o una imposibilidad absoluta de seguir abonando el salario y las cotizaciones de la empleada; basta con que el incremento de gastos sea **real, relevante y razonablemente invocado** como causa para prescindir del servicio, dada la naturaleza especialmente ligada a la economía doméstica de esta relación laboral.

En línea con la STSJ País Vasco n.º 2538/2025, la exigencia legal se cumple cuando el empleador acredita un aumento de gasto objetivo (matrícula universitaria, pérdida de un plus de desplazamiento) que altera la situación previa y justifica razonablemente la decisión de extinguir la relación.

2. Enfermedad de la trabajadora y posible nulidad por discriminación

La enfermedad, tras la entrada en vigor de la Ley 15/2022, constituye una causa protegida frente a la discriminación (art. 2.1 y 2.3). En un despido de persona en situación de incapacidad temporal de larga duración, el análisis debe realizarse en tres pasos:

Comprobar la existencia de una enfermedad previa y conocida: en el caso, la trabajadora se encuentra en incapacidad temporal por tratamiento oncológico desde noviembre de 2023, siendo esta situación conocida por el empleador.

Determinar si existen indicios suficientes de que el despido tiene como móvil la enfermedad:

  - La coincidencia temporal entre la incapacidad temporal y la decisión de extinción (burofax de 27 de septiembre de 2024, con la trabajadora todavía en IT) genera un panorama indiciario suficiente para invertir la carga de la prueba, conforme al art. 30 de la Ley 15/2022 y al art. 181.2 de la LRJS.

Valorar si el empleador aporta una justificación objetiva, razonable y proporcionada, que excluya la causa discriminatoria:

  - Si el empleador acredita debidamente la causa económica específica (incremento de gastos por circunstancia sobrevenida y/o disminución de ingresos de la unidad familiar) y se demuestra que tal causa es real, seria y proporcionada, la presunción de discriminación queda destruida.

– En la STSJ País Vasco n.º 2538/2025, con un supuesto sustancialmente coincidente (empleada de hogar con neoplasia maligna en IT prolongada, inicio de estudios universitarios del hijo, desaparición de un plus de desplazamiento de la esposa), el Tribunal concluye que la causa económica objetiva está justificada y que no se ha probado que la enfermedad sea el verdadero móvil extintivo, rechazando la nulidad por discriminación.

Aplicando ese mismo criterio al caso planteado, habiéndose acreditado un incremento de gastos relevante y sobrevenido, y cumpliéndose las exigencias formales del art. 11.2 (carta escrita, concreción de la causa, preaviso y puesta a disposición de la indemnización), no procede apreciar nulidad por discriminación, pues el empleador aporta una justificación objetiva y razonable de su decisión.

3. Improcedencia del despido: análisis subsidiario

Descartada la nulidad, cabría valorar si concurren defectos sustantivos o formales que conduzcan a la improcedencia:

- **Sobre la suficiencia de la causa económica**:
    - La trabajadora puede alegar que, aun con el nuevo gasto, los ingresos globales del hogar permiten seguir sufragando su salario y cotizaciones. Sin embargo, el precepto no exige una imposibilidad absoluta de pago, sino la concurrencia de una causa objetiva **justificada** (disminución de ingresos o incremento de gastos) que razonablemente lleven a prescindir del servicio.
    - La STSJ del País Vasco n.º 2538/2025 insiste en que lo decisivo es la prueba del incremento de gastos por circunstancia sobrevenida, no un juicio detallado de suficiencia de ingresos globales, pues el art. 11.2.a) está pensado precisamente para permitir ajustar la contratación de empleados de hogar a la economía doméstica real.

- **Sobre los requisitos formales**:
    - Si la comunicación se realiza por escrito, expresa con claridad la causa (incremento de gastos por inicio de estudios universitarios y pérdida de plus), se respeta el preaviso de 20 días y se pone a disposición simultánea la indemnización legal, se entiende cumplido el art. 11.2.
    - Un eventual error excusable en el cálculo de la indemnización no transforma la extinción en despido improcedente, sino que obliga al empleador a abonar la diferencia (art. 11.3 del RD 1620/2011).

En el escenario descrito, no se aprecia defecto formal relevante ni insuficiencia de la causa objetiva; por tanto, tampoco sería procedente la declaración de improcedencia del despido.

Caso práctico | Extinción de empleada de hogar por pérdida de confianza ligada a la caducidad del permiso de trabajo

PLANTEAMIENTO

Doña Ana, extranjera, trabaja como empleada de hogar interna para Luis y Marta desde el 11/06/2012, con contrato indefinido y salario de 16.000 €/año. En 2022 obtiene autorización de residencia y trabajo hasta el 11/02/2024, que entrega a la familia. Caducado el permiso, inicia la renovación pero no les comunica ni la caducidad ni el trámite, manteniéndose la relación con normalidad y desconociendo los empleadores la falta de vigencia formal.

En abril de 2024 una abogada de Ana propone a Luis extinguir el contrato y firmar otro nuevo por la supuesta caducidad del permiso. Se suceden *WhatsApp* en los que Ana plantea firmar "la renuncia" a cambio de un nuevo contrato para "regularizar sus papeles" y pregunta por el pago de 15 días "si ya no va a seguir trabajando", mientras Luis condiciona el pago a la entrega de "los papeles". El 23/04/2024 Ana envía foto de la resolución que solo acredita permiso hasta el 11/02/2024, sin prueba de renovación, lo que hace que los empleadores, hasta entonces ajenos a dicha caducidad, teman consecuencias jurídicas.

El 25/04/2024 Ana, vía burofax, sostiene que el 15/04/2024 fue despedida verbalmente e insta aclaración de su situación, anunciando impugnación. El 03/05/2024 presenta papeleta por despido, pidiendo nulidad por vulneración de la garantía de indemnidad o, en su defecto, improcedencia, mientras sigue de alta en la Seguridad Social.

El 08/05/2024 Luis y Marta extinguen por burofax al amparo del art. 11.2.c) RD 1620/2011 (pérdida de confianza), con efectos 28/05/2024 e indemnización, alegando haber conocido por la propia Ana que su permiso estaba caducado desde el 11/02/2024, la falta de información previa y las confusas gestiones sobre renuncia y nuevo contrato. Ana demanda nulidad (represalia por reclamar) o, subsidiariamente, improcedencia, discutiendo que esa «pérdida de confianza» sea causa real, proporcionada y ajena a su reclamación.

- ¿Puede considerarse ajustada a derecho la extinción del contrato de empleada de hogar por «pérdida de confianza» basada en la situación administrativa de la trabajadora (permiso caducado desde el 11/02/2024, falta de información previa a la empleadora y conversaciones sobre renuncia y nuevo contrato), conforme al art. 11.2.c) del RD 1620/2011, o debería calificarse el despido como improcedente o nulo?

RESPUESTA

El artículo 11 apartado 2 c) del Real Decreto 1620/2011 del 14 de noviembre de 2011, exige un «comportamiento de la persona trabajadora que fundamente de manera razonable y proporcionada la pérdida de confianza de la persona empleadora». **No es sencillo delimitar qué entra exactamente en esa «pérdida de confianza»**, pero en este caso parece razonable y proporcionado entender: que la empleadora descubra que la trabajadora lleva tiempo sin autorización de residencia y trabajo, que esa circunstancia no se le hubiera comunicado oportunamente, y que, además, todo ello venga acompañado de gestiones confusas con distintos letrados y propuestas de renuncia y nuevo contrato para «arreglar los papeles».

En la resolución de este supuesto seguiremos el criterio de la **STSJ del País Vasco n.º 1179/2025, de 13 de mayo, ECLI:ES:TS-JPV:2025:1679**, donde se considera que la extinción del contrato de empleada de hogar por pérdida de confianza del art. 11.2.c) del RD 1620/2011 puede considerarse ajustada a derecho, sin que proceda calificar el despido como nulo por vulneración de la garantía de indemnidad ni como improcedente por inexistencia o insuficiencia de causa, siempre que concurran circunstancias similares a las valoradas en dicha resolución. No analizaremos la posibilidad ni de despido tácito ni de incumplimiento de los requisitos formales

En este caso debemos tener presente la siguiente **normativa aplicable:**

- **Real Decreto 1620/2011, de 14 de noviembre:** art. 11.2 (causas de extinción).

- **Estatuto de los Trabajadores**: arts. 49, 55 y 56, aplicables supletoriamente al régimen extintivo (forma del despido, calificación, efectos).

- **Garantía de indemnidad**: art. 24.1 de la CE (tutela judicial efectiva), en relación con los arts. 4.2.g), 17.1 y 55.5 del ET y 108.2 de la LRJS, y la doctrina constitucional sobre represalias empresariales por el ejercicio de derechos.

1. Garantía de indemnidad

La trabajadora vincula el despido con la presentación de la papeleta de conciliación alegando vulneración de la garantía de indemnidad. De acuerdo con la doctrina del Tribunal Constitucional (entre otras, SSTC 7/1993, 140/1999, 138/2006, 92/2009 y 6/2011), resumida por el TSJ del País Vasco en la sentencia de referencia, para apreciar lesión de la garantía de indemnidad se exige:

- Que el trabajador aporte **indicios razonables** de que la medida empresarial responde a una represalia por el ejercicio de acciones o reclamaciones.

- Una vez aportados indicios, corresponde a la empresa **acreditar causas reales, suficientes y ajenas** a todo propósito lesivo del derecho fundamental.

Aplicando estos criterios al caso, el único dato temporal a favor de la tesis de represalia es la proximidad entre la papeleta de conciliación y la carta de despido. La carta extintiva detalla una **causa concreta y diferenciada**: la constatación de que la trabajadora habría estado vinculada sin autorización de trabajo formalmente en vigor desde el 11/02/2024, sin informar de ello a los empleadores, y las actuaciones posteriores (intervención de varios letrados, insistencia en renuncia y nuevo contrato para "regularizar papeles"), que generan una quiebra de confianza sobre su transparencia y sobre el cumplimiento de las exigencias legales.

En línea con la STSJ País Vasco n.° 1179/2025:

- No se aprecian **indicios consistentes** de que la medida extintiva sea una represalia por la papeleta de conciliación.

- La empresa acredita una **causa real y seria**, anterior y autónoma: la pérdida de confianza derivada de la gestión y falta de comunicación de la situación administrativa de la trabajadora.

En consecuencia, no procede declarar la **nulidad** del despido por vulneración de la garantía de indemnidad.

2. Pérdida de confianza [art. 11.2.c] del RD 1620/2011] **y situación administrativa de la trabajadora**

El núcleo del problema es si la conducta de la trabajadora —relacionada con su situación administrativa y las gestiones para un nuevo contrato— puede encuadrarse en la causa de pérdida de confianza.

El TSJ País Vasco, en la resolución citada, razona en síntesis:

- El concepto de «pérdida de confianza» en la relación especial del hogar familiar debe interpretarse atendiendo a las características de esta relación: desarrollo en el domicilio del empleador, cuidado de menores o personas vulnerables, fuerte componente de seguridad y confidencialidad.

- No basta una alegación genérica; han de existir **hechos objetivos** que, en el contexto concreto, hagan razonable y proporcionada la ruptura de la confianza.

- En el caso analizado por el TSJ (análogamente al planteado):

  - La trabajadora remitió a la empleadora una resolución que solo acreditaba autorización hasta el 11/02/2024, sin proporcionar pruebas de una renovación en vigor.

  - Hasta entonces, la empleadora desconocía esa fecha de caducidad, de forma que, objetivamente, se había generado una situación de posible irregularidad que podía acarrear consecuencias administrativas.

  - La trabajadora no había puesto en conocimiento de la empleadora su situación desde el 11/02/2024 ni las actuaciones de renovación, limitándose a impulsar, a través de distintos letrados, una fórmula de renuncia y nuevo contrato.

  - Ello produjo en los empleadores una duda fundada tanto sobre la **legalidad** de la relación como sobre la **transparencia** de la trabajadora, en un ámbito (el hogar familiar) donde la confianza es elemento esencial.

Desde esta perspectiva, el TSJ concluye que:

- La omisión de información relevante sobre la caducidad del permiso y la forma en que la trabajadora gestiona la regularización de su situación son hechos que **pueden razonablemente generar pérdida de confianza** en la empleadora.

- Dicha pérdida de confianza se encuentra fundada en **comportamientos concretos** de la trabajadora y está directamente conectada con el régimen especial del hogar familiar, en el que el legislador ha previsto expresamente esta causa de extinción.

- No se trata de sancionar administrativamente la situación de la trabajadora, sino de valorar si su conducta en la gestión y comunicación de esa situación administrativa justifica, en términos de confianza, la extinción.

Por tanto, en un caso como el descrito, la causa de «pérdida de confianza» del art. 11.2.c) del RD 1620/2011 puede considerarse **concurrente y suficiente** para legitimar la extinción, siempre que:

- Se acredite que la empleadora desconocía la caducidad del permiso hasta la documentación remitida por la trabajadora.

- Se pruebe que la trabajadora no informó oportunamente ni aportó justificantes de renovación en trámite, a pesar de implicar a los empleadores en una eventual situación de riesgo.

- La carta de despido detalle los hechos y explique por qué esos comportamientos generan pérdida de confianza.

3. Improcedencia vs. procedencia del despido

No apreciándose vulneración de derechos fundamentales ni despido tácito previo, la calificación se ciñe a si la causa de pérdida de confianza es real y proporcional. Siguiendo el criterio de la STSJ País Vasco n.º 1179/2025:

- **Procedencia** del despido: cuando, como en el caso, la pérdida de confianza se basa en hechos objetivos relacionados con la ocultación o falta de comunicación de la situación administrativa (permiso caducado) y en la forma en que la trabajadora articula su regularización (renuncia + nuevo contrato), generando un legítimo temor en los empleadores sobre la corrección legal de la relación y sobre la lealtad de la trabajadora.

- **Improcedencia** podría apreciarse si:

    - La empleadora conocía desde antes la caducidad y la renovación en trámite y había consentido expresamente la continuidad.

    - No existieran actuaciones de la trabajadora que objetivamente pudieran interpretarse como ocultación o falta de transparencia.

    - La carta de despido se limitara a fórmulas genéricas de "pérdida de confianza" sin hechos concretos, o éstos fueran ajenos a la esfera laboral o manifiestamente irrelevantes.

En el supuesto planteado, coincidente en lo esencial con el resuelto por la STSJ País Vasco n.º 1179/2025, la Sala confirma la **regularidad de la actuación extintiva** y descarta tanto la nulidad como la improcedencia.

A modo de conclusión, la extinción del contrato de empleada de hogar fundada en la pérdida de confianza derivada de la gestión y falta de información sobre la caducidad del permiso de trabajo puede ser considerada **procedente**, en el supuesto planteado:

- La extinción al amparo del art. 11.2.c) del RD 1620/2011, cuando se declara ajustada a derecho, comporta la **procedencia** del cese y la validez de la indemnización específica abonada para esta causa (según antigüedad y régimen transitorio aplicable).

- La empresa debe acreditar que la causa de pérdida de confianza es **concreta, real y proporcionada**; la sola referencia abstracta a la caducidad del permiso, sin vinculación con un comportamiento imputable a la trabajadora en términos de lealtad/confianza, no bastaría.

- Desde la perspectiva de la trabajadora extranjera, resulta esencial:
  - Comunicar de forma expresa y documentada la caducidad y la renovación en trámite de su autorización.
  - Evitar situaciones en las que el empleador pueda recibir tarde o de forma confusa la información sobre su situación administrativa, ya que ello puede servir de base a una extinción por pérdida de confianza en este régimen especial.

En conclusión, con los datos descritos y conforme a la doctrina de la STSJ País Vasco n.º 1179/2025, la extinción del contrato de empleada de hogar fundada en la pérdida de confianza derivada de la gestión y falta de información sobre la caducidad del permiso de trabajo puede ser considerada **procedente**, descartándose tanto la nulidad por vulneración de la garantía de indemnidad como la existencia de un despido tácito anterior.

Caso práctico | Extinción del contrato de empleada de hogar por disminución de ingresos o incremento de gastos de la unidad familiar

PLANTEAMIENTO

Don Cipriano contrató en octubre de 2021 a Lorenza como empleada de hogar a tiempo parcial. En julio de 2023 sufre un accidente de trabajo que determina una incapacidad temporal de larga duración, con una reducción muy relevante de sus ingresos salariales. En septiembre de 2023, a sus dos hijos menores se les diagnostica un trastorno del espectro autista, comenzando tratamientos especializados en un gabinete privado con un coste mensual elevado.

Mediante carta de 25 de septiembre de 2026, con efectos 15 de octubre de 2026, Don Cipriano extingue el contrato de Lorenza al amparo del *art. 11.2 RD 1620/2011*, alegando:

- «Disminución de los ingresos de la unidad familiar»
- «Modificación de las necesidades de la unidad familiar, al encontrarse la persona empleadora de baja por incapacidad laboral»

La carta se limita a reproducir literalmente las letras a) y b) del art. 11.2 RD 1620/2011, añadiendo solo la mención genérica a la IT del empleador, sin mayor explicación ni concreción de hechos (ni referencia a diagnósticos de los hijos, gastos concretos, etc.). Se abona indemnización de 12 días por año y se respeta el preaviso.

Lorenza demanda por despido improcedente, discutiendo tanto la existencia de la causa como la insuficiente concreción de esta en la carta.

- En el supuesto 1, ¿determina la genérica alegación de disminución de ingresos y modificación de necesidades de la unidad familiar la procedencia de la extinción, o debe calificarse como despido improcedente por defectos en la carta? En caso de improcedencia, ¿qué indemnización corresponde: 12, 20 o 33 días/año?

RESPUESTA

En un caso como el planteado, la extinción debe calificarse como **despido improcedente por defecto de forma en la carta**, al no concretarse de modo claro e inequívoco los hechos constitutivos de la causa. Declarada la improcedencia por este motivo, procede aplicar la **indemnización de 33 días de salario por año de servicio** del régimen común de despido improcedente (art. 56.1 ET), por efecto de la presunción del art. 11.3 del Real Decreto 1620/2011, de 14 de noviembre.

La disminución de ingresos o incremento de gastos exige una concreción fáctica suficiente en la carta; la mera reproducción de fórmulas legales con alusiones genéricas (baja médica sin datos económicos, «disminución de ingresos» sin cifras, etc.) comporta defecto formal y activa la presunción del art. 11.3 del Real Decreto 1620/2011, de 14 de noviembre, con calificación de despido improcedente e indemnización de 33 días/año (STSJ CV 2970/2025; STSJ Madrid 503/2025).

Fundamento normativo y jurisprudencial

- Art. 11.2.a) del Real Decreto 1620/2011, de 14 de noviembre: contempla como causas específicas de extinción, entre otras, la «disminución de los ingresos de la unidad familiar o incremento de sus gastos por circunstancia sobrevenida». El mismo precepto: exige que la decisión extintiva se comunique «por escrito (...) constando de modo claro e inequívoco (...) la causa por la que se adopta dicha decisión», con simultánea puesta a disposición de la indemnización de 12 días/año.

- Art. 11.3 del Real Decreto 1620/2011, de 14 de noviembre: «De incumplirse los requisitos relativos a la forma escrita de la comunicación de extinción o la puesta a disposición de la indemnización (...), se presumirá que la persona empleadora ha optado por la aplicación del régimen extintivo del despido regulado en el Estatuto de los Trabajadores».

La **STSJ de la Comunidad Valenciana n.º 2970/2025, de 11 de noviembre de 2025, ECLI:ES:TSJCV:2025:4231**, aplica expresamente esta lógica: ante una carta que se limita a reproducir las causas genéricas de las letras a) y b) del art. 11.2 del RD 1620/2011 y menciona solo, de forma abstracta, la baja por incapacidad laboral del empleador, el Tribunal declara:

- Que la carta no cumple la exigencia de concreción «clara e inequívoca» de la causa.

- Que no basta con invocar fórmulas legales genéricas sin detallar las **concretas circunstancias económicas o de necesidad familiar** (disminución real de ingresos, importes, nuevos gastos, cambios organizativos, etc.).

- Que, en consecuencia, se produce un **defecto formal** en la comunicación de la causa, que activa la presunción del art. 11.3 del RD 1620/2011.

Aplicando la presunción, la Sala encuadra el caso en el régimen de despido del ET y, declarada la **improcedencia**, fija la indemnización en **33 días de salario por año**, remitiéndose al art. 56.1 del ET y a los arts. 110.1 y 193.c) de la LRJS.

La **STSJ de Madrid n.º 503/2025, de 22 de mayo de 2025, ECLI:ES:TSJM:2025:6465**, sigue el mismo criterio: ante una extinción de empleada de hogar tramitada de hecho como despido disciplinario, sin carta escrita con causa, declara la improcedencia y, por aplicación del art. 11.3 del RD 1620/2011, reconoce **33 días/año**, no 20, al haberse optado por el régimen común del despido y haberse incumplido las exigencias formales.

Aplicación práctica al supuesto

- La carta de Don Cipriano es **deficiente**: reproduce el tenor literal del art. 11.2 a) y b) del RD 1620/2011 y se limita a mencionar que él está de baja por IT, sin detallar:
  - La concreta reducción de ingresos (nóminas antes y después de la IT, duración prevista de la baja, etc.).
  - El concreto incremento de gastos (diagnósticos de los hijos, facturas de terapias, periodicidad, cuantías...).
  - Cómo esos elementos hacen inviable el mantenimiento del puesto en términos razonables.
- Conforme a la doctrina de la STSJ CV 2970/2025, la carta **no cumple** la exigencia de causalidad clara e inequívoca.
- Ello determina la calificación de la extinción como **despido improcedente por defecto formal** (art. 11.3 del RD 1620/2011).
- En consecuencia, debe aplicarse el **régimen extintivo del despido del ET**, de manera que la indemnización es la del **despido improcedente ordinario: 33 días/año** (art. 56.1 del ET), y no la de 12 días del art. 11.2 ni la de 20 días de un hipotético despido objetivo procedente.

Caso práctico | Extinción del contrato al servicio del hogar por ingreso en residencia y modificación sustancial de las necesidades de la unidad familiar

PLANTEAMIENTO

Josefa, de 90 años, padece desde hace décadas un trastorno bipolar. Desde febrero de 2019 tiene contratada a Tamara como empleada de hogar a jornada completa para su cuidado y las tareas domésticas. En enero de 2026 Tamara inicia un proceso de incapacidad temporal. En abril de 2026, Josefa ingresa en un centro médico por descompensación psiquiátrica y, tras ser estabilizada, su psiquiatra recomienda ingreso permanente en una residencia de mayores, donde finalmente permanece interna de forma continuada.

El 18 de julio de 2026, la familia de Josefa le entrega a Tamara una carta de extinción, con efectos 7 de agosto de 2026, en la que se le comunica que, al haber ingresado Josefa en residencia y recibir allí todos los cuidados, han cambiado las necesidades de la unidad familiar y ya no precisan sus servicios en el domicilio. Se abona simultáneamente la indemnización de 12 días/año, el finiquito y se respeta el preaviso de 20 días.

La trabajadora al servicio de hogar familiar demandó solicitando la declaración de despido improcedente, alegando que la verdadera causa sería un desistimiento prohibido y que el ingreso en residencia no justificaría por sí mismo la extinción.

- ¿Puede el ingreso definitivo de la empleadora en una residencia de mayores considerarse modificación sustancial de las necesidades de la unidad familiar que justifica la extinción objetiva del art. 11.2.b) RD 1620/2011?

RESPUESTA

El ingreso estable en residencia que elimina la necesidad de servicio en el hogar es causa típica de esta letra b) del art. 11.2 del Real Decreto 1620/2011, de 14 de noviembre, siempre que se acredite y se cumplan forma, preaviso e indemnización. En tal caso, la extinción será procedente con 12 días/año (STSJ Galicia 4786/2025).

El ingreso definitivo de la empleadora en una **residencia de mayores**, por agravamiento de su estado de salud, puede constituir una **modificación sustancial de las necesidades de la unidad familiar** (art. 11.2.b) RD 1620/2011) que **justifica la extinción objetiva**, siempre que:

- La situación esté acreditada (informes médicos, ingreso residencial estable).
- Se hayan cumplido los requisitos formales del art. 11.2 (carta escrita con causa concreta, indemnización de 12 días/año, preaviso).

Fundamento legal y jurisprudencial

Art. 11.2.b) del RD 1620/2011: admite la extinción por «*modificación sustancial de las necesidades de la unidad familiar que justifican que se prescinda de la persona trabajadora del hogar*».

La **STSJ de Galicia n.º 4786/2025, de 23 de octubre de 2025, ECLI:ES:TSJGAL:2025:6830**, resuelve un caso prácticamente idéntico al planteado:

- Empleadora de 90 años, con trastorno bipolar, que ingresa en hospital por descompensación.
- Posterior ingreso estable en residencia de mayores, por indicación médica, donde permanece.
- Carta de extinción reconociendo indemnización de 12 días/año, con preaviso, en la que se hace constar el ingreso en residencia y la necesidad de cuidados más específicos y constantes.

El TSJ gallego concluye que:

- El ingreso permanente en residencia conlleva un **cambio cualitativo** en las necesidades de la unidad familiar.
- Desaparece la necesidad del servicio doméstico y de cuidado en el domicilio, que era el objeto del contrato.
- La causa **encaja en la letra b)** del art. 11.2 del RD 1620/2011 y justifica la extinción, siempre que se respete la forma y la indemnización.

Por ello, la Sala revoca la declaración de improcedencia de instancia y declara la **procedencia de la extinción**, absolviendo a la empleadora.

Aplicación práctica al supuesto

En el supuesto planteado concurren los mismos elementos relevantes que en la STSJ GAL 4786/2025:

- Ingreso hospitalario y diagnóstico grave.
- Recomendación médica de ingreso en residencia.

- Estancia permanente en centro residencial, donde se cubren las necesidades asistenciales.

- Carta escrita que identifica esta realidad como causa de la extinción, con indemnización de 12 días/año y preaviso.

La empleadora no pretende un desistimiento libre (figura suprimida tras el RDL 16/2022), sino que apoya la extinción en una causa objetivable y documentada.

Se trata de un supuesto paradigmático de **modificación sustancial de las necesidades**: el domicilio queda vacío o sin necesidad de servicio doméstico continuado, al trasladarse la persona que generaba la necesidad principal de cuidado.

Por tanto, siguiendo la doctrina del TSJ de Galicia, la extinción debe considerarse ajustada a derecho con la indemnización de 12 días/año prevista en el art. 11.2 RD 1620/2011.

Caso práctico | ¿La persona empleadora puede sustituir el preaviso por el pago de salarios en la extinción de un contrato de empleada de hogar?

PLANTEAMIENTO

María es una empleada del hogar que trabaja para la familia López desde el 15 de diciembre de 2021. Su salario mensual es de 1.200 euros, distribuidos en 12 pagas anuales. El 2 de enero de 2024, la familia López decide prescindir de los servicios de María debido a un empeoramiento en el estado de salud de la cabeza de familia, lo que requiere atenciones especiales que María no puede prestar por no tener la formación adecuada. La familia López comunica a María la extinción de su contrato por escrito, con efectos desde el 2 de enero de 2024, haciendo constar expresamente la causa del cese, pero sin otorgar el preaviso de 20 días que correspondería por superar la relación laboral el año de duración.

Ese mismo día, la familia López pone a disposición de María, además de la liquidación y finiquito correspondientes, una indemnización de 12 días de salario por año de servicio, calculada sobre su salario y antigüedad, y le abona también una cantidad equivalente a 20 días de salario en concepto de sustitución del preaviso.

Pese a ello, María reclama el abono separado de los 20 días de salario por falta de preaviso, alegando que la familia no podía sustituir el preaviso legalmente establecido por el pago de salarios, y solicita, además, una indemnización superior por entender que el cese debe calificarse como despido improcedente.

- ¿Tiene María derecho a una indemnización adicional por el incumplimiento del período de preaviso de 20 días, más allá de los salarios de dicho período ya abonados? ¿Debe calificarse la extinción como despido improcedente por la falta de preaviso efectivo?

RESPUESTA

No. Conforme al art. 11 del Real Decreto 1620/2011 de 14 de noviembre y a la doctrina de la sentencia del TSJ de Galicia, la falta de preaviso (cuando se compensan los salarios correspondientes) no convierte la extinción en despido improcedente, ni obliga a aplicar el art. 56 ET. La extinción se mantiene como válida por causa objetiva propia de la relación especial del servicio del hogar familiar.

Cuando la causa alegada es una causa objetiva específica del hogar familiar (art. 11.2 del RD 1620/2011: p. ej., «modificación sustancial de las necesidades de la unidad familiar» por empeoramiento de salud), se aplica el régimen del art. 11.2 y 3 del Real Decreto 1620/2011 de 14 de noviembre:

- Comunicación escrita con expresión clara de la causa.
- Indemnización de 12 días por año de servicio (con límite de 6 mensualidades).
- Preaviso:
  - 20 días si la relación dura más de un año.
  - 7 días en otro caso.

El apartado 3 del art. 11 establece una presunción, si se incumple la forma escrita o la puesta a disposición de la indemnización de 12 días, se presume que el empleador opta por el régimen de despido del ET (art. 56 del ET, improcedencia, 33 días/año, etc.). Pero **esa presunción no se aplica si lo único que falta es el preaviso, o un error excusable en el cálculo de la indemnización. En esos casos, la consecuencia es simplemente pagar los salarios de preaviso o la diferencia en la indemnización, pero sin convertir automáticamente la extinción en despido improcedente.**

El incumplimiento del preaviso o su compensación con salarios no convierte, por sí solo, la extinción en despido improcedente, ni obliga a aplicar el régimen del art. 56 del ET, salvo que falten también los otros requisitos del art. 11.2 (escrito + indemnización de 12 días puesta a disposición). (STSJ de Galicia n.º 4721/2024, de 17 de octubre de 2024, ECLI:ES:TSJGAL:2024:7067 y STSJ de Madrid n.º 503/2025, de 22 de mayo de 2025, ECLI:ES:TSJM:2025:6465).

Caso práctico | Extinción de una relación laboral especial del hogar sin cumplir los requisitos formales del despido disciplinario

PLANTEAMIENTO

Una empleada de hogar ha recibido una comunicación por parte de su empleador notificando su despido disciplinario sin expresar la causa.

Conforme dispone el artículo 11 del Real Decreto 1620/2011:

> «(...) La decisión de extinguir el contrato deberá comunicarse por escrito a la persona empleada del hogar, debiendo constar de modo claro e inequívoco la voluntad de la persona empleadora de dar por finalizada la relación laboral y la causa por la que se adopta dicha decisión».
>
> «(...) De incumplirse los requisitos relativos a la forma escrita de la comunicación de extinción o la puesta a disposición de la indemnización a los que se refiere el apartado anterior, se presumirá que la persona empleadora ha optado por la aplicación del régimen extintivo del despido regulado en el Estatuto de los Trabajadores».

- **En caso de extinción de una relación laboral especial del hogar familiar sin cumplir los requisitos formales del despido disciplinario, ¿la indemnización ha de ser de 33 o de 12 días?**

RESPUESTA

Al incumplirse los requisitos formales del despido disciplinario por la demandada la indemnización ha de ser de 33 días y no de 12.

En el caso de la extinción de una relación laboral especial del hogar familiar sin cumplir los requisitos formales del despido disciplinario, **la indemnización debe ser de 33 días de salario por año de servicio, con un límite de 24 mensualidades**. Esto se debe a que, al no cumplirse los requisitos formales del despido disciplinario, se presume que la persona empleadora ha optado por la aplicación del régimen extintivo del despido regulado en el Estatuto de los Trabajadores, conforme a lo establecido en el art. 11 del Real Decreto 1620/2011, de 14 de noviembre, modificado por el Real Decreto-ley 16/2022, de 6 de septiembre.

RESOLUCIÓN RELEVANTE

STSJ de Madrid n.º 503/2025, de 22 de mayo de 2025, ECLI:ES:TSJM:2025:6465

Si la extinción no se comunica correctamente por escrito y con expresión de la causa, se presume que el empleador ha optado por el régimen general de despido disciplinario del Estatuto de los Trabajadores (ET), más concretamente el previsto en su artículo 55. En consecuencia, el despido se califica como improcedente y la indemnización procedente es la de 33 días por año de servicio con un máximo de 24 mensualidades, conforme al artículo 56.1 ET (y no la de 20 días o 12 días prevista para otros supuestos de la relación especial).

Caso práctico | Consecuencias de la notificación de la extinción a una empleada de hogar por carta genérica

PLANTEAMIENTO

D.ª Ana presta servicios como empleada de hogar para D. Luis desde el 1 de enero de 2020, con una jornada de 20 horas semanales y un salario mensual de 600 euros brutos, con la prorrata de pagas extraordinarias incluida.

La unidad familiar de D. Luis está integrada por él mismo, su esposa D.ª Marta (maestra funcionaria con salario estable) y dos hijos menores de 5 y 8 años.

En junio de 2024, D. Luis sufre un accidente de tráfico y entra en situación de incapacidad temporal (IT). Durante dicha situación:

- Continúa percibiendo una prestación de IT que, complementada por un seguro de empresa, supone una reducción aproximada del 10 % respecto de su salario habitual.
- La esposa mantiene invariables sus ingresos como funcionaria.

En septiembre de 2024, al hijo menor (5 años) se le diagnostica un trastorno del espectro autista (TEA), comenzando la familia a asumir nuevos gastos y a reorganizar internamente los cuidados, aunque nada de ello se menciona por escrito a la trabajadora.

El 15 de octubre de 2024, D. Luis entrega a D.ª Ana una carta de extinción que dice literalmente:

> «Mediante la presente, y de conformidad con el art. 11.2 del RD 1620/2011, en la redacción dada por el RDL 16/2022, le notificó la extinción de su contrato de trabajo fundada en la disminución de ingresos de la unidad familiar así como en la modificación sustancial de las necesidades de la unidad familiar, al encontrarme de baja por incapacidad laboral.
>
> La extinción será efectiva el 5 de noviembre de 2024, respetando el plazo de preaviso de 20 días».

Simultáneamente, pone a disposición de D.ª Ana una indemnización de 12 días de salario por año trabajado, calculada sobre 600 euros mensuales, y respeta el preaviso de 20 días.

D.ª Ana impugna la extinción ante la jurisdicción social, alegando, en síntesis, que:

- La carta es genérica y se limita a reproducir los términos legales («disminución de ingresos» y «modificación sustancial de las necesidades de la unidad familiar») sin concretar niveles de ingresos, nuevos gastos ni cambios efectivos en la organización y necesidades del hogar.

- En realidad, la unidad familiar no ha sufrido una disminución relevante de ingresos, puesto que la esposa mantiene su sueldo y D. Luis sigue percibiendo casi todo su salario gracias a la prestación y al complemento del seguro.

- El diagnóstico del hijo, los gastos de las terapias y la nueva organización de los cuidados se mencionan por primera vez en el acto de juicio por la parte demandada, sin figurar en la carta de extinción.

- Se vulnera la exigencia de que la causa conste en la carta de modo «claro e inequívoco», conforme al art. 11.2 del RD 1620/2011, en la redacción dada por el RDL 16/2022, y la doctrina del Tribunal Supremo sobre el contenido mínimo de las cartas de despido objetivos y disciplinarios, aplicada por la STSJ CV n.º 2970/2025, de 11 de noviembre (rec. 1678/2025), ECLI:ES:TSJCV:2025:4231.

En este contexto, se plantean las siguientes cuestiones:

- En el marco de la relación especial del servicio del hogar familiar tras el RDL 16/2022, ¿ el contenido de la comunicación de extinción cumple el requisito de describir de forma clara, inequívoca y concreta los hechos que integran la causa (niveles de ingresos, nuevos gastos, cambios en la organización y necesidades del hogar)?

- En caso de reclamación judicial, ¿podrían justificarse en juicio los hechos que se explicaron deficientemente en la comunicación a la trabajadora (diagnóstico del hijo, terapias, incremento de gastos, reorganización de cuidados) si no aparecían en la carta?

- La falta de justificación escrita de la extinción, ¿procede calificarla como despido improcedente en virtud de la presunción del art. 11.3 del RD 1620/2011?

RESPUESTA

La extinción debe calificarse como despido improcedente. En la relación especial del servicio del hogar familiar, tras el RDL 16/2022, la extinción por «disminución de ingresos» o «modificación de necesidades» de la unidad familiar es una extinción objetiva causalizada, no un desistimiento libre. La carta no concreta los hechos que integran la causa y los hechos no consignados en la carta no pueden valorarse después en juicio, por lo que, conforme al art. 11.3 del RD 1620/2011 y al criterio de la STSJ CV n.º 2970/2025, procede aplicar el régimen del despido improcedente del Estatuto de los Trabajadores.

En el supuesto planteado, la invocación de «disminución de ingresos» o «modificación de necesidades» de la unidad familiar no ampara una extinción ad nutum, sino una extinción objetiva que debe estar justificada y correctamente explicada (art. 11 del RD 1620/2011).

1. Contenido mínimo de la carta: exigencia de causa clara, inequívoca y concreta

El problema en el supuesto planteado no es tanto que no existieran causas, sino que no se explicaron de forma concreta en la carta de extinción. El art. 11.2 del RD 1620/2011 equipara el nivel de exigencia formal de la carta a lo previsto para los despidos objetivos y disciplinarios del ET (art. 53.1.a y art. 55.1): la causa ha de constar por escrito de forma **clara e inequívoca**.

En este caso, la carta solo hacía referencia a la «disminución de ingresos de la unidad familiar», la «modificación de las necesidades de la unidad familiar» y «al encontrarse la persona empleadora de baja por incapacidad laboral». Eso, con toda probabilidad, se considerará demasiado genérico en caso de reclamación. **Para que la extinción hubiera quedado correctamente justificada conforme al art. 11.2 RD 1620/2011, la persona empleadora debió:**

a) Concretar la disminución de ingresos o el incremento de gastos de la unidad familiar. No basta con repetir el texto de la ley. En la carta debió explicarse, por ejemplo (a título ilustrativo, según los hechos probados del caso):

- Que el empleador había iniciado una incapacidad temporal en fecha 4-7-2023, con una duración estimada de 103 días,
- Cómo esa IT había supuesto una reducción concreta de sus ingresos (indicar, por ejemplo, la diferencia aproximada entre salario previo y prestaciones durante la baja, o que se había pasado de percibir X a percibir Y).
- En su caso, que no existían mejoras voluntarias o complementos que cubrieran íntegramente el salario, si esa circunstancia era relevante.

> **A TENER EN CUENTA.** Es necesario describir la situación económica negativa real, y no solo invocar una disminución de ingresos en abstracto.

b) Concretar la «modificación sustancial de las necesidades de la unidad familiar». La carta se limitó a decir que había «modificación de las necesidades de la unidad familiar» por la baja del empleador, pero si la auténtica razón estaba en el diagnóstico de TEA/ autismo de los hijos, las terapias y la nueva organización familiar, eso tenía que figurar al menos de forma mínima en la carta. Debería haberse indicado, por ejemplo:

- Que en sept. de 2024 se había emitido informe neuropediá- trico con sospecha de trastorno del espectro autista res- pecto del hijo menor (y que el hermano gemelo estaba en la misma situación).

- Que ambos menores debían acudir a sesiones terapéuticas dos días por semana, con un coste mensual determinado (mencionando, aunque sea de forma global, el incremento de gastos).

- Que, debido a ello, el empleador necesitaba reorganizar su tiempo para atender personalmente a sus hijos, reduciendo o eliminando la necesidad de una empleada del hogar en los términos en que venía prestando servicios.

- Y, muy relevante en este tipo de causa, explicitar cómo esa nueva organización familiar hacía innecesario (o mucho menos necesario) el puesto de trabajo de la empleada.

> **A TENER EN CUENTA.** En caso de una posible reclamación judicial por parte de la persona trabajadora no resultará admisible introducir en el juicio (diagnóstico de los hijos, terapias, mayor disponibilidad del padre, etc.) hechos que nunca fueron mencionados en la carta y luego utilizarlos como fundamento de la causa extintiva.

c) Definir correctamente la «unidad familiar» y cómo le afecta la causa

Si la unidad familiar incluye al empleador, a la esposa (que man- tiene sus ingresos como profesora) y a los hijos menores, la carta, para justificar bien la causa, debió:

- Reconocer que los ingresos de la esposa no habían descen- dido.

- Explicar que, pese a ello, el conjunto de la unidad familiar veía reducida su capacidad económica (por reducción de ingresos del empleador y/o incremento de gastos extraor- dinarios por terapias y atención a los hijos).

- Y justificar por qué, en esa situación global, resultaba nece- sario prescindir de la empleada del hogar.

d) Vincular claramente los hechos con la extinción del puesto concreto de la trabajadora

Además de describir los hechos, la carta debía explicar por qué, ante esa concreta disminución de ingresos/incremento de gastos y la nueva organización familiar, no se podía mantener el contrato de la trabajadora en las mismas condiciones.

A TENER EN CUENTA. No bastaba, por ejemplo, con una reducción de jornada o una reorganización menor, si esa opción no era viable desde el punto de vista del empleador.

e) Respetar las formalidades del art. 11.2 RD 1620/2011

A pesar de que en este caso sí se respetaron las formalidades necesarias, será imprescindible: forma escrita, plazo de preaviso de 20 días y puesta a disposición de la indemnización de 12 días/año.

RESOLUCIÓN RELEVANTE

STSJ Comunidad Valenciana n.º 2970/2025, de 11 de noviembre, ECLI:ES:TSJCV:2025:4231

Analizando el **contenido mínimo de las cartas de despido** en el supuesto de empleados de hogar:

– En la relación especial del hogar, tras el RDL 16/2022, la extinción del art. 11.2 es una extinción objetiva causalizada.

– La mera reproducción en la carta de las categorías legales («disminución de ingresos» o «modificación de necesidades») **es insuficiente.**

– La carta **debe describir de forma clara, inequívoca y concreta los hechos que integran la causa**, esto es, los datos fácticos que permiten comprobar la existencia real de la disminución de ingresos, el incremento de gastos o el cambio de necesidades: niveles de ingresos antes y después, nuevos gastos y su cuantía, cambios efectivos en la organización del hogar, tareas que dejan de ser necesarias, etc.

La Sala aplica, por analogía, la doctrina del Tribunal Supremo (entre otras, SSTS n.º 541/2025, de 4 de junio, rec. 2478/2024; 251/2022, de 23 de marzo, rec. 3522/2019; 802/2023, de 26 de octubre, , rec. 506/2022; y 1171/2024, de 25 de septiembre, rec. 2484/2020), conforme a la cual:

– No basta con mencionar la «causa» en términos genéricos o legales (p. ej., «causas económicas» o «disminución de ingresos de la unidad familiar»);

– Es necesario detallar los hechos y datos concretos que constituyen la causa motivadora de la decisión extintiva;

– Una carta que se limita a reproducir la literalidad de la norma, sin concretar ingresos, gastos o cambios organizativos, es genérica e insuficiente y vulnera el derecho de defensa de la persona trabajadora.

La carta, por tanto, se limita a afirmar que concurre una «disminución de ingresos» y una «modificación sustancial de las necesidades de la unidad familiar» por la IT del empleador, pero:

– No detalla los ingresos previos y posteriores de la unidad familiar ni el alcance real de la merma.

- No menciona la existencia de nuevos gastos (p. ej., terapias del hijo) ni su cuantía.

- No explica qué necesidades se han modificado ni qué tareas del hogar dejan de ser necesarias.

Por ello, **la carta no cumple el requisito de expresar una causa clara, inequívoca y concreta.**

2. Imposibilidad de incorporar en juicio hechos no consignados en la carta

La STSJ CV n.° 2970/2025 (citada) resuelve un supuesto análogo, en el que el empleador introduce en juicio, por primera vez, hechos relativos al diagnóstico de TEA de los hijos, nuevas terapias, incremento de gastos y reorganización de cuidados, que no figuraban en la carta. La Sala declara que:

- La carta de extinción **delimita el objeto del litigio** y el ámbito de la prueba.

- El empleador debe probar en juicio las causas consignadas en la carta, pero **no puede añadir hechos nuevos** que no hizo constar en ella.

- Permitir la valoración de hechos no incluidos en la carta vulneraría el **derecho de defensa** (art. 24 CE), al impedir que la persona trabajadora conozca y pueda combatir oportunamente los verdaderos motivos de su cese.

En el caso planteado, los hechos relativos al diagnóstico del hijo, las terapias, el incremento de gastos y la reorganización de los cuidados se alegan por primera vez en juicio, sin figurar en la carta.

Conforme al criterio de la STSJ CV n.° 2970/2025 y a la jurisprudencia del Tribunal Supremo sobre el alcance de la carta de despido:

- Estos hechos **no pueden valorarse** como causa justificativa de la extinción;

- No cabe «completar» en juicio una carta genérica, añadiendo ex novo los datos fácticos que debieron consignarse desde el inicio.

3. Calificación de la extinción y aplicación del art. 11.3 del RD 1620/2011

En el caso de D.ª Ana concurren las siguientes circunstancias:

- La extinción se articula formalmente al amparo del art. 11.2 RD 1620/2011, invocando «disminución de ingresos» y «modificación de necesidades» de la unidad familiar.

- Se respeta el preaviso de 20 días y se pone a disposición la indemnización de 12 días de salario por año de servicio.

- Sin embargo, la carta **no concreta** los hechos que integran la causa alegada, limitándose a reproducir los términos legales y a mencionar la IT del empleador.

Este incumplimiento del requisito formal esencial relativo al contenido de la comunicación escrita (causa clara e inequívoca) activa la presunción del **art. 11.3 del RD 1620/2011**, conforme al cual, de incumplirse los requisitos relativos a la forma escrita de la extinción o a la puesta a disposición de la indemnización, **se presumirá que la persona empleadora ha optado por el régimen extintivo del despido regulado en el Estatuto de los Trabajadores**.

En consecuencia, en el marco de la relación especial del servicio del hogar familiar tras el RDL 16/2022, la extinción por «disminución de ingresos» o «modificación de necesidades» de la unidad familiar exige una **causa real y detallada en la carta**; una comunicación genérica como la entregada a D.ª Ana conduce, siguiendo el criterio de la STSJ CV n.º 2970/2025, a la calificación de la extinción como **despido improcedente** y a la aplicación del régimen del ET por efecto del art. 11.3 del RD 1620/2011.

Caso práctico | Cálculo del salario regulador e indemnización por despido improcedente de empleada de hogar interna

PLANTEAMIENTO

Una trabajadora empleada de hogar interna presta servicios durante 6 meses para el cuidado de una persona de edad avanzada en el domicilio familiar. La relación se desarrolla con jornada completa y pernocta en el domicilio de la persona empleadora, realizando tareas de cuidado, acompañamiento y labores domésticas.

Las condiciones retributivas pactadas eran:

- **Salario base en dinero: 1.221 €/mes (tomando como referencia el SMI vigente para 2026).**
- **Pagas extraordinarias: 2 pagas al año de 1.221 € cada una, no prorrateadas mensualmente.**
- **Compensación por tiempos de presencia: 100 €/mes.**
- **Retribución en especie: manutención y alojamiento valorados en 200 €/mes.**

1. ¿Cómo debe calcularse el salario regulador y la indemnización por despido improcedente de esta empleada de hogar interna? ¿Qué conceptos salariales deben utilizarse para el cálculo?

2. Si la persona empleada de hogar no puede acreditar haber percibido un salario base por encima del SMI vigente, ¿Que salario se tendrá en cuenta en caso de reclamación judicial?

RESPUESTA

En la relación laboral especial de empleados de hogar, la indemnización por despido improcedente se calcula conforme al art. 56 del Estatuto de los Trabajadores (ET) sobre el salario regulador que integra toda la retribución salarial pactada (salario base en dinero, prorrata de pagas extraordinarias, compensaciones por tiempos de presencia y, en su caso, salario en especie valorable), **sin que pueda ser inferior al SMI vigente con inclusión de pagas extraordinarias cuando no se acredite un salario superior o solo resulte probado dicho importe mínimo.**

1. Salario regulador: integración de todos los conceptos salariales

La indemnización por despido improcedente ha de calcularse sobre la retribución total pactada, incluyendo [arts. 2.1.b) y 56 del ET y arts.1.3 y 11 del Real Decreto 1620/2011, en su redacción vigente y art. 110 de la LRJS]:

- **Salario base en dinero.**
- **Prorrata de pagas extraordinarias.**
- **Compensaciones por tiempos de presencia pactados.**
- **Retribuciones en especie de naturaleza salarial (manutención, alojamiento, etc.), siempre que sean valorables económicamente.**

> **A TENER EN CUENTA.** En defecto de prueba de un salario superior o cuando la suma de todos los conceptos retributivos fuese inferior, el salario regulador no puede ser inferior al SMI vigente, con inclusión de la parte proporcional de pagas extraordinarias.

1. Cálculo numérico aplicado al supuesto planteado

a) Datos retributivos pactados

- Salario base en dinero: 1.221 €/mes.
- Pagas extraordinarias: 2 pagas de 1.221 € al año.
- Compensación por tiempos de presencia: 100 €/mes.
- Retribución en especie (manutención y alojamiento): 200 €/mes.
- Periodo de servicios a efectos indemnizatorios: 6 meses.

Se parte de que la suma de salario en dinero y en especie supera el SMI vigente para 2026, por lo que en este supuesto no procede ajustar al alza hasta el SMI, al tratarse de un salario superior debidamente concretado.

b) Cálculo de la prorrata de pagas extraordinarias

- Total anual en pagas extraordinarias: 1.221 € × 2 = 2.442 €.
- Prorrata mensual: 2.442 € / 12 meses = 203,50 €/mes.

c) Determinación del salario regulador mensual

El salario regulador mensual se obtiene sumando todos los conceptos retributivos mensuales (o anualizados y prorrateados):

- Salario base en dinero: 1.221,00 €/mes.
- Prorrata de pagas extraordinarias: 203,50 €/mes.
- Compensación por tiempos de presencia: 100,00 €/mes.

- Retribución en especie (manutención y alojamiento): 200,00 €/mes.

Salario regulador mensual = 1.221,00 + 203,50 + 100,00 + 200,00 = 1.724,50 €/mes.

Este es el salario que debe utilizarse como base para el cálculo de la indemnización por despido improcedente, por recoger la retribución salarial total efectivamente pactada.

2. Antigüedad a efectos indemnizatorios

El periodo trabajado a efectos indemnizatorios es de 6 meses.

- 6 meses = 0,5 años.

Si no existe contrato escrito y la relación supera las cuatro semanas, el art. 5.2 del Real Decreto 1620/2011 presume el contrato concertado por tiempo indefinido y a jornada completa, salvo prueba en contrario. A efectos de indemnización se computa, en el caso, la antigüedad real de 6 meses.

3. Cálculo del salario diario

Para calcular la indemnización de 33 días de salario por año de servicio (art. 56 ET), se convierte el salario mensual en salario diario empleando, con carácter general, el divisor de 365 días:

Salario diario = salario mensual × 12 / 365.

Aplicado al supuesto:

- Salario regulador mensual: 1.724,50 €.
- Salario anual: 1.724,50 × 12 = 20.694,00 €.
- Salario diario: 20.694,00 / 365 ≈ 56,69 €/día.

4. Cálculo de la indemnización por despido improcedente

Al tratarse de una relación iniciada y desarrollada tras la reforma laboral de 2012, la indemnización se calcula a razón de **33 días de salario por año de servicio** (art. 56 ET), con el límite general de 24 mensualidades (límite que no se alcanza en este caso por la corta duración de la relación).

a) Días de indemnización

33 días/año × 0,5 años = 16,5 días de salario.

b) Importe de la indemnización

Indemnización = días de indemnización × salario diario.

Esto es:

- 16,5 días × 56,69 €/día = 936,39 €.

La indemnización por despido improcedente, con los datos facilitados, asciende aproximadamente a 936,40 €.

2. Referencia al SMI cuando no se acredita un salario superior

Si en juicio no se acredita documental o testificalmente un salario superior (nóminas, transferencias, recibís, reconocimientos claros en interrogatorio, etc.), la sección de los social del TI presume como salario regulador el SMI vigente (con las particularidades del régimen aplicable, como en el servicio del hogar familiar), y sobre esa cuantía calcula indemnizaciones, salarios, etc.

En la SJS-Santiago de Compostela n.º 111/2023, de 24 de mayo, ECLI:ES:JSO:2023:2954, en un supuesto de empleada de hogar interna en el que no se probó un salario superior ni se aportó prueba documental de una retribución distinta, el órgano judicial fijó como salario regulador el correspondiente al SMI aplicable al trabajo a jornada completa, con pagas extraordinarias incluidas, y sobre dicha base calculó la indemnización por despido improcedente.

- **Falta de prueba o acreditación de salario superior al SMI:** si no se acreditase la cuantía concreta de los salarios percibidos o se probase únicamente una retribución igual o inferior al SMI, el salario regulador debe fijarse, como mínimo, en el SMI vigente, incluyendo la parte proporcional de pagas extraordinarias, sin que pueda tomarse una base inferior.

- **Salario superior alegado y probado**: cuando la trabajadora alega en la demanda un salario superior al SMI (por ejemplo, por incluir cantidades en metálico, tiempos de presencia y salario en especie) y lo acredita mediante nóminas, justificantes de transferencia, reconocimiento de la parte demandada, mensajes o cualquier otro medio de prueba válido, será esa retribución superior la que deba tomarse como salario regulador para el cálculo de la indemnización, siguiendo el esquema numérico expuesto: determinación del salario mensual total, conversión a salario diario y aplicación de los 33 días de salario por año trabajado.

Caso práctico | Comparación de la indemnización de una empleada de hogar por extinción ajustada al art. 11.2 RD 1620/2011 frente al despido improcedente

PLANTEAMIENTO

Empleada de hogar, con salario de 1.300 euros mensuales en 12 pagas, presta servicios a jornada completa en un hogar familiar desde el 01/01/2020.

El 01/12/2022 la relación laboral se extingue. Se plantean dos escenarios alternativos:

- Escenario 1 (extinción justificada art. 11.2 del Real Decreto 1620/2011, de 14 de noviembre): la unidad familiar acredita una de las causas específicas de extinción del contrato de empleada de hogar con indemnización reducida (p.ej., disminución sobrevenida de ingresos) y cumple todas las exigencias formales (comunicación escrita expresando claramente la causa, puesta a disposición de la indemnización y preaviso).

- Escenario 2 (incumplimiento formal): la unidad familiar decide igualmente extinguir la relación, pero lo hace sin respetar las exigencias formales del art. 11.2 y 11.3 del Real Decreto 1620/2011, de 14 de noviembre (no entrega comunicación escrita de la causa ni pone a disposición la indemnización en el momento de la notificación).

Datos comunes a ambos escenarios:

- Fecha de inicio: 01/01/2020.
- Fecha de extinción: 01/12/2022.
- Antigüedad computable: a efectos prácticos se toman 3 años completos de servicio.
- Salario mensual: 1.300 euros en 12 pagas.
- Salario diario (a efectos indemnizatorios): 1.300 / 30 = 43,34 euros/día.

¿Cuál es la indemnización que corresponde a la empleada de hogar en cada uno de los dos escenarios (extinción justificada con indemnización reducida del art. 11.2 RD 1620/2011 y extinción sin cumplimiento de los requisitos formales que desplaza al régimen de despido improcedente del ET)?

RESPUESTA

1. Extinción justificada con indemnización reducida (art. 11.2 del Real Decreto 1620/2011, de 14 de noviembre)

Si la unidad familiar acredita una de las causas específicas de extinción del art. 11.2 del Real Decreto 1620/2011 (disminución de ingresos, modificación sustancial de necesidades familiares o pérdida de confianza razonable y proporcionada) y cumple las obligaciones formales (comunicación escrita con expresión clara de la causa, preaviso y puesta a disposición simultánea de la indemnización), la relación se extingue con la **indemnización reducida** propia de esta modalidad:

- **Base legal:** art. 11.2 y 11.3 RD 1620/2011, en relación con el art. 49.1 del Estatuto de los Trabajadores (ET).
- **Días de indemnización por año de servicio:** 12 días/año.
- **Límite máximo legal:** 6 mensualidades (no relevante en este supuesto por la escasa antigüedad).

Cálculo:

- Años de servicio: 3.
- Días de indemnización: 12 días/año × 3 años = 36 días.
- Salario diario: 43,34 euros/día.
- Indemnización: 36 días × 43,34 euros/día = **1.560,24 euros**.

Por tanto, **en el escenario 1**, en el que la extinción se ajusta al régimen específico del servicio del hogar familiar del art. 11.2 del RD 1620/2011, la indemnización debida es de **1.560,24 euros**.

2. Extinción sin cumplimiento de los requisitos formales: despido improcedente (régimen común del ET)

Si la persona empleadora extingue la relación sin respetar las exigencias formales del art. 11.2 y 11.3 del RD 1620/2011 (fundamentalmente, **falta de comunicación escrita de la causa y/o falta de puesta a disposición de la indemnización en el momento de la notificación**), opera la presunción del apartado 3:

- **Base legal específica:** art. 11.3 del RD 1620/2011: «De incumplirse los requisitos relativos a la forma escrita de la comunicación de extinción o la puesta a disposición de la indemnización (...), se presumirá que la persona empleadora ha optado por la aplicación del régimen extintivo del despido regulado en el Estatuto de los Trabajadores.»

- **Régimen aplicable:** despido regulado en el ET (despido objetivo o disciplinario). Si no se acredita causa o la decisión resulta injustificada, la calificación será de **despido improcedente** (arts. 55 y 56 del ET).

- **Indemnización por despido improcedente:** 33 días de salario por año de servicio, con un máximo de 24 mensualidades (art. 56.1 del ET).

En nuestro caso práctico se parte de que la actuación de la parte empleadora no se ajusta ni a las exigencias formales del art. 11 del RD 1620/2011 ni a los requisitos de fondo del despido objetivo o disciplinario del ET, de modo que, impugnada la decisión, el Juzgado la calificaría **como improcedente** y procedería la indemnización de 33 días/año.

Cálculo:

- Años de servicio: 3.
- Días de indemnización: 33 días/año × 3 años = 99 días.
- Salario diario: 43,34 euros/día.
- Indemnización: 99 días × 43,34 euros/día = **4.290,66 euros**.

Por tanto, **en el escenario 2,** en el que la extinción incumple las exigencias formales del art. 11 RD 1620/2011 y se aplica el régimen de despido improcedente del ET, la indemnización que correspondería a la empleada de hogar es de **4.290,66 euros**.

3. Comparación práctica y consecuencias

- **Extinción ajustada al art. 11.2 del Real Decreto 1620/2011, de 14 de noviembre (supuesto 1):**

  - Causa específica justificada y acreditada (disminución de ingresos, cambio de necesidades familiares, pérdida de confianza razonable y proporcionada).

  - Cumplimiento de las exigencias formales: comunicación escrita con expresión clara de la causa, preaviso y puesta a disposición inmediata de la indemnización.

  - Indemnización: 1.560,24 euros (12 días/año × 3 años).

- **Extinción defectuosa → despido improcedente (supuesto 2):**

  - Incumplimiento de forma escrita y/o de la puesta a disposición de la indemnización prevista en el art. 11.2.

  - Presunción de sometimiento al régimen de despido del ET (art. 11.3 RD 1620/2011).

  - Calificación judicial de despido improcedente (arts. 55 y 56 ET), al no justificar causa objetiva ni disciplinaria suficiente.

  - Indemnización: 4.290,66 euros (33 días/año × 3 años), muy superior a la indemnización reducida del art. 11.2.

En la práctica, el caso ilustra la **relevancia económica** de respetar escrupulosamente el régimen formal y causal de extinción específico del servicio del hogar familiar:

- El incumplimiento de los requisitos del art. 11 del Real Decreto 1620/2011, de 14 de noviembre, desplaza la extinción al régimen común del despido improcedente del ET, multiplicando casi por **tres** la indemnización debida en un supuesto con 3 años de antigüedad (de 1.560,24 euros a 4.290,66 euros).

- La persona trabajadora, ante una extinción sin comunicación escrita de causa o sin indemnización simultánea, cuenta con base sólida para **impugnar la decisión como despido improcedente** y reclamar la indemnización superior conforme al Estatuto de los Trabajadores.

Caso práctico | Indemnización por desistimiento en la relación laboral especial del hogar familiar e incidencia del RD 1620/2011

PLANTEAMIENTO

1. Supuesto 1 (relación iniciada tras el RD 1620/2011)

María fue contratada como empleada de hogar el 1 de enero de 2020 por la familia López para realizar tareas domésticas y de cuidado en su domicilio. Su salario mensual es de 1.300 euros, distribuidos en 12 pagas anuales, con una jornada de 40 horas semanales.

El 1 de diciembre de 2022, la familia López decide prescindir de los servicios de María por pérdida de ingresos, comunicándole por escrito la extinción de la relación laboral especial por desistimiento del empleador con efectos de ese mismo día y poniendo a su disposición una indemnización de 1.560,24 euros, calculada como 12 días de salario por año de servicio.

2. Supuesto 2 (relación iniciada antes del RD 1620/2011 y extinguida después)

Ana fue contratada como empleada de hogar el 9 de noviembre de 2009 por la familia Pérez, prestando servicios ininterrumpidos hasta el 31 de enero de 2018 mediante varios contratos sucesivos (temporales, indefinido y, de nuevo, temporal), todos ellos a jornada completa y con idéntico contenido funcional (labores domésticas y cuidado de la persona empleadora).

La extinción se produce el 31 de enero de 2018 por desistimiento del empleador, abonándosele una indemnización calculada a razón de 7 días de salario por año de servicio, con el límite de 6 mensualidades, tomando en consideración toda la antigüedad desde 2009. Ana sostiene que la indemnización debería haberse calculado parcialmente a 7 días/año (hasta el 18-11-2011) y parcialmente a 12 días/año (a partir del 18-11-2011), por aplicación del Real Decreto 1620/2011.

- En el supuesto 1, ¿es correcto el recurso al desistimiento y el cálculo de la indemnización ofrecida a María?

- En el supuesto 2, ¿puede Ana exigir que su indemnización se calcule por tramos (7 días/año antes del 18-11-2011 y 12 días/año después), o es ajustado a derecho aplicar ínte-

gramente el régimen anterior de 7 días/año, computando toda la antigüedad?

RESPUESTA

- **Supuesto 1 (María, relación iniciada en 2020)**: la extinción por desistimiento se rige por el art. 11 RD 1620/2011. La indemnización de 12 días/año, calculada sobre el salario diario regulador (preferentemente mediante el criterio salario anual/365), es correcta siempre que se respete el límite de 6 mensualidades y las exigencias formales (comunicación escrita, causa, preaviso o compensación).

- **Supuesto 2 (Ana, relación iniciada en 2009 y mantenida hasta 2018)**: se trata de un vínculo laboral único, iniciado bajo la vigencia del RD 1424/1985. Conforme a la disposición transitoria primera del RD 1620/2011 y al criterio de la STSJ La Rioja 89/2019, no procede fraccionar la indemnización; se aplica íntegramente el régimen de 7 días/año con el límite de 6 mensualidades, sobre toda la antigüedad, utilizando como base el salario diario regulador calculado por el método salario anual/365.

En ambos supuestos, la persona trabajadora conserva la posibilidad de impugnar judicialmente la extinción si discrepa de la calificación (desistimiento/ despido), de la causa invocada, de la forma utilizada o del cálculo de los conceptos indemnizatorios.

1. Extinción por desistimiento e indemnización en relaciones iniciadas tras el RD 1620/2011 (supuesto 1)

En el supuesto 1, la extinción por desistimiento del empleador y el cálculo de la indemnización se ajustan, con carácter general, a la normativa vigente reguladora de la relación laboral especial del servicio del hogar familiar.

Para las relaciones iniciadas con posterioridad a la entrada en vigor del Real Decreto 1620/2011, de 14 de noviembre (18-11-2011), resulta de aplicación directa lo previsto en su art. 11.3: en los casos de desistimiento del empleador, el trabajador tiene derecho a una indemnización de **12 días de salario por año de servicio, con el límite de 6 mensualidades**, además del preaviso legal o, en su defecto, de la compensación equivalente.

En el caso de María, contratada el 1 de enero de 2020 y extinguida la relación el 1 de diciembre de 2022, concurre un periodo próximo a 3 años de servicios. Si se toma como referencia un salario mensual de 1.300 euros en 12 pagas y se opta por el cálculo simplificado utilizado en la práctica (división del salario mensual entre 30 días), el salario diario resultante sería:

- **Salario diario simplificado**: 1.300 € / 30 días = 43,33 €/día (aprox.).

- **Indemnización**: 12 días/año × 43,33 €/día × 3 años ≈ 1.559,88 € (aprox., coincidente en la práctica con los 1.560,24 € ofrecidos).

El recurso al desistimiento y la cuantía indemnizatoria ofrecida se acomodan, por tanto, al régimen indemnizatorio del art. 11.3 RD 1620/2011, siempre que se hayan cumplido las exigencias formales (comunicación escrita, expresión de la causa, preaviso o compensación económica equivalente). La persona trabajadora podrá impugnar la extinción si cuestiona la concurrencia de causa, la forma o el cómputo indemnizatorio.

2. Relaciones iniciadas antes del RD 1620/2011: régimen de indemnización y juego de la disposición transitoria primera (supuesto 2)

En el supuesto 2, la relación laboral especial se inicia el 9 de noviembre de 2009, cuando aún resultaba de aplicación el Real Decreto 1424/1985, de 1 de agosto, derogado con posterioridad por el RD 1620/2011. La cuestión central es determinar si, a raíz de la entrada en vigor del RD 1620/2011, la indemnización por desistimiento debe calcularse íntegramente con arreglo al régimen de **7 días de salario por año de servicio** del RD 1424/1985, o de forma **fragmentada**, esto es, 7 días/año por el periodo anterior al 18-11-2011 y 12 días/año por el periodo posterior, conforme al art. 11.3 RD 1620/2011.

Bajo el RD 1424/1985, la indemnización por extinción por desistimiento del empleador se configuraba en los siguientes términos:

- **Indemnización legal**: 7 días de salario por año de servicio, con el límite de 6 mensualidades (arts. 10.2 y 9.3 RD 1424/1985).

- **Preaviso**: la falta de preaviso debía compensarse con los salarios correspondientes a los días omitidos (sobre el salario diario).

Este era el régimen aplicable a las relaciones especiales de empleados de hogar iniciadas antes de la entrada en vigor del RD 1620/2011, salvo que, por aplicación de la normativa transitoria y de la calificación de la relación laboral, procediera un cambio de régimen.

El Real Decreto 1620/2011, **en vigor desde el 18-11-2011**, establece en su art. 11.3 que el trabajador tendrá derecho, en caso de desistimiento del empleador, a una indemnización de 12 días de salario por año de servicio, con el límite de 6 mensualidades. La clave reside en la **disposición transitoria primera**, que dispone, en síntesis:

- **Regla general**: lo dispuesto en el RD 1620/2011 será aplicable a los contratos vigentes a la fecha de entrada en vigor.

- **Regla específica indemnizatoria**: la cuantía de la indemnización prevista en el art. 11.3 (12 días/año) se aplicará a los **contratos que se concierten a partir** de la entrada en vigor del real decreto.

La norma transitoria no prevé un régimen de indemnización «por tramos» para una misma relación laboral. De su dicción se desprende que la indemnización de 12 días/año queda reservada a los **contratos iniciados después** de la entrada en vigor del RD 1620/2011, mientras que las relaciones iniciadas antes seguirán rigiéndose, a estos efectos, por el régimen anterior, salvo que se acredite la existencia de **nuevos contratos autónomos** surgidos con posterioridad a dicha fecha.

En el supuesto de Ana, existirían formalmente varios contratos (temporales, indefinido, nuevo contrato temporal), pero todos ellos con idéntica jornada, mismas funciones y sin solución de continuidad entre uno y otro. La jurisprudencia social ha declarado que, en estos casos, no existe una sucesión de relaciones autónomas, sino una **relación laboral única y continuada**, salvo que se acredite una verdadera novación extintiva objetivamente fundada en una modificación sustancial del contenido de la obligación laboral. Así lo ha entendido, entre otras, la STSJ de La Rioja n.º 89/2019, de 9 de mayo, ECLI:ES:TSJLR:2019:265, que, en un supuesto de empleada de hogar con cuatro contratos sucesivos desde 2009 hasta 2018, aprecia la existencia de un **vínculo laboral unitario**:

> «(...) no solo no ha habido ruptura temporal alguna entre la fecha de finalización de cada uno de los 4 contratos que han unido a las partes y la de suscripción del siguiente, sino que además, tampoco ha habido variación alguna en cuanto al contenido de la prestación de servicios contratada ni de la jornada pactada, lo que evidencia que no estamos en presencia de varias relaciones laborales autónomas y diferenciadas [...] sino que, por el contrario, nos encontramos ante un supuesto de vínculo laboral unitario».

Este criterio enlaza con la doctrina del Tribunal Supremo, que solo admite novación extintiva cuando existe una modificación relevante del contenido obligacional. Si la obligación laboral (funciones, jornada, continuidad) permanece sustancialmente invariable, la relación se considera única.

Partiendo de la calificación de la relación de Ana como **única e ininterrumpida** desde el 9 de noviembre de 2009 hasta el 31 de enero de 2018, el criterio seguido por la STSJ La Rioja 89/2019 es el siguiente:

- La disposición transitoria primera del RD 1620/2011 **no autoriza** a fraccionar la indemnización de un mismo vínculo en dos tramos diferenciados (7 días/año y 12 días/año).

- La **indemnización aplicable es la vigente al inicio de la relación laboral**, esto es, la de 7 días de salario por año de servicio con el límite de 6 mensualidades, conforme al RD 1424/1985.

- La cuantía de 12 días/año del art. 11.3 RD 1620/2011 se reserva a **contratos celebrados después de su entrada en vigor**, lo que no sucede en el caso de Ana, donde el vínculo nace en 2009 y se mantiene ininterrumpido.

En consecuencia, **Ana no puede exigir un cálculo por tramos** (7 días/año antes del 18-11-2011 y 12 días/año después) de su indemnización por desistimiento. Es conforme a derecho aplicar el régimen anterior de 7 días/año sobre toda la antigüedad, tomando en consideración todo el periodo de prestación de servicios, con el tope de 6 mensualidades.

A TENER EN CUENTA. Para una relación de empleada de hogar iniciada antes de la entrada en vigor del RD 1620/2011 y todavía vigente después, la indemnización por desistimiento se calcula según el régimen anterior (RD 1424/1985, 7 días/año), por efecto directo de la D.T 1ª del RD 1620/2011. (STSJ de Galicia, rec. 2006/2023, de 27 de junio, ECLI:ES:TSJGAL:2023:4649).

Caso práctico | Nulidad del despido por embarazo en relación laboral especial de empleada de hogar

PLANTEAMIENTO

En el año 2008, una trabajadora inicia, de forma verbal y sin alta en la Seguridad Social, la prestación de servicios como empleada de hogar en el domicilio de un matrimonio, tres mañanas a la semana, encargándose de la limpieza general, plancha y cocina. La relación se mantiene de forma ininterrumpida en el tiempo. En mayo de 2014, el empleador formaliza por escrito un contrato indefinido al servicio del hogar familiar, con alta en el Sistema Especial de Empleados de Hogar, fijando una jornada de 15 horas semanales y un salario de 585 euros mensuales con prorrata de pagas extra.

En el primer semestre de 2014 la trabajadora comunica a la esposa del empleador que está embarazada y que se trata de un embarazo de riesgo, debiendo acudir con frecuencia a controles y pruebas médicas, lo que provoca ausencias intermitentes. Pese a conocer la situación, la familia no le exige justificantes de las ausencias y continúa contando con sus servicios.

El 27 de junio de 2014 el empleador cursa la baja de la trabajadora en la Seguridad Social sin comunicarle nada por escrito. El 1 de julio de 2014, cuando la trabajadora acude al domicilio en su horario habitual, el empleador le indica verbalmente que no vuelva más porque falta mucho al trabajo y le exige la devolución de las llaves. La trabajadora insiste en que quiere seguir trabajando y no manifiesta en ningún momento su voluntad de abandonar el puesto.

Días después, la trabajadora remite un burofax al empleador afirmando que ha sido despedida verbalmente por comunicar su embarazo, solicitando su inmediata readmisión y salarios dejados de percibir. El empleador contesta por burofax negando el despido, alegando que la trabajadora ha dejado de acudir al trabajo durante varios días, y que, en todo caso, su antigüedad se limita al contrato escrito de mayo de 2014.

Finalmente, la trabajadora presenta papeleta de conciliación por despido y posterior demanda ante la sección de lo social del TI competente, dirigidas frente al empleador y frente al FOGASA, interesando la declaración de nulidad del despido por embarazo y, subsidiariamente, la improcedencia, con una antigüedad reconocida desde 2008 y salario regulador de 585 euros mensuales.

1. **¿Existe un auténtico despido o un abandono del puesto por parte de la trabajadora en el marco de esta relación laboral especial de empleada de hogar?**

2. **¿Cómo debe determinarse la antigüedad real de la empleada de hogar: desde 2008 (inicio efectivo de la prestación de servicios) o desde 2014 (contrato escrito y alta en Seguridad Social)?**

3. **¿El despido es nulo por embarazo en la relación laboral especial de empleada de hogar o simplemente improcedente?**

4. **En una relación especial de servicio del hogar familiar, ¿cabe la readmisión forzosa tras un despido nulo o, por el contrario, debe sustituirse por una indemnización por respeto a la intimidad del hogar familiar?**

5. **Reconocida la nulidad del despido y fijada la antigüedad de la trabajadora desde septiembre de 2007, ¿cómo se calcula la indemnización sustitutoria de la readmisión aplicando la disposición transitoria 5.ª de la Ley 3/2012 (tramo a 45 días/año y tramo a 33 días/año), tomando como salario regulador 585 euros mensuales?**

RESPUESTA

En el caso planteado:

- Hay despido, pues concurren actos concluyentes de voluntad extintiva empresarial (baja en Seguridad Social, orden de no retorno, recogida de llaves) y no existe voluntad inequívoca de cese por parte de la trabajadora.

- Debe reconocerse la antigüedad real desde el inicio efectivo de la prestación de servicios (2007/2008), acreditada por la prueba, con independencia de la fecha del contrato escrito o del alta en Seguridad Social.

- El despido es nulo por embarazo, conforme a la nulidad objetiva del art. 55.5 b) del ET y la doctrina constitucional y jurisprudencial aplicable también en la relación especial de empleada de hogar. No obstante, en la relación de hogar familiar, la readmisión forzosa resulta incompatible con la intimidad familiar. La solución consolidada es reconocer la nulidad del despido y sustituir la readmisión por una indemnización equivalente a la del despido improcedente.

- En el caso planteado, aplicando la D.T. 5.ª de la Ley 3/2012: 45 días/año por el tiempo anterior al 12-02-2012 y 33 días/año por el posterior, con el límite general de 720 días de salario, resultando en el caso, sobre un salario diario aproximado de 19,23 euros y antigüedad desde 2007 hasta 2014, una cuantía de 5.355,55 euros.

Para la resolución de las cuestiones formuladas sobre la relación laboral especial del servicio del hogar familiar seguiremos la doctrina jurisprudencial sobre nulidad objetiva del despido por embarazo y sus efectos en este ámbito establecida, tratada en un caso similar, por: STS, rec. 2099/2019, de 11 de enero de 2022, ECLI:ES:TS:2022:61, la STSJ de Cataluña, rec. 7553/2012, de 8 de abril de 2013, ECLI:ES:TSJCAT:2013:3935, y la SJS - Terrassa, rec. 600/2014, de 1 de octubre de 2014, ECLI:ES:JSO:2014:135.

1. Calificación de los hechos: ¿despido o abandono del puesto?

La **baja en Seguridad Social sin causa** y la posterior **orden verbal de no retorno** revelan una voluntad extintiva empresarial, por lo que debemos afirmar que **hay despido**.

En el supuesto descrito existe **un auténtico despido y no un abandono del puesto**. La clave está en la concurrencia de una **decisión extintiva unilateral del empleador**, exteriorizada de forma inequívoca, frente a la inexistencia de una voluntad clara de la trabajadora de cesar en la relación. Para esta conclusión resultan determinantes: **la baja en Seguridad Social cursada por el empleador, la manifestación verbal expresa** («no quiero que trabajes más aquí»), acompañada de la recogida de llaves y reclamación de efectos personales y **la conducta de la trabajadora** (acude al domicilio en su horario habitual, insiste en su voluntad de seguir trabajando, remite burofax negando cualquier intención de abandonar el puesto y reclamando readmisión). (**STS n.º 145/2022, de 14 de febrero de 2022, ECLI:ES:TS:2022:579**, y **STSJ de Madrid n.º 243/2023, de 10 de marzo de 2023, ECLI:ES:TSJM:2023:2953**).

2. Determinación de la antigüedad real: ¿desde 2008 o desde 2014?

La antigüedad en la relación especial de servicio del hogar se determina atendiendo a la **prestación efectiva de servicios**, no únicamente a la formalización escrita del contrato o al alta en Seguridad Social.

En el caso planteado, concurren indicios suficientes (testificales, comunicaciones, reconocimiento implícito del empleador, continuidad en el servicio) para fijar la antigüedad desde **septiembre de 2007**, momento en que la trabajadora comienza a prestar servicios en el domicilio, pese a que el contrato escrito y el alta formal se produzcan en mayo de 2014.

Este criterio se alinea con la valoración efectuada, en un supuesto prácticamente idéntico, por la **SJS-Terrassa n.º 502/2014, de 1 de octubre, ECLI:ES:JSO:2014:135**, que reconoce la antigüedad alegada por la empleada de hogar (desde 2007) al constar:

- Reconocimiento de la relación previa por los empleadores.
- Testifical coherente sobre la presencia habitual de la trabajadora en el domicilio.

- Recomendaciones de la propia empleadora a terceros, reveladoras de una relación de confianza consolidada.

Por tanto, en el caso práctico la **antigüedad real es la derivada de toda la prestación ininterrumpida de servicios desde 2007**, que será la relevante, tanto a efectos de calificación como para el cálculo indemnizatorio.

3. Nulidad objetiva del despido por embarazo en la relación especial de empleada de hogar

La relación de servicio del hogar familiar es una **relación laboral de carácter especial** (RD 1620/2011), pero **no queda excluida de la protección reforzada frente al despido por embarazo**. El art. 3 del RD 1620/2011, remiten a la normativa laboral común «en lo que resulte compatible con las peculiaridades derivadas del carácter especial de esta relación».

La doctrina constitucional y jurisprudencial ha configurado la **nulidad objetiva del despido de la trabajadora embarazada**, conforme al art. 55.5 b) del ET, sin necesidad de acreditar conocimiento empresarial del embarazo, ni móvil discriminatorio específico. (**STC 92/2008, de 21 de julio, STS, rec. 1957/2007, de 17 de octubre de 2008, y STS n.º 1/2022, de 11 de enero, ECLI:ES:TS:2022:61**).

En el ámbito específico del hogar familiar se aplica la **nulidad del despido por embarazo** sin exigir acreditación de la causa discriminatoria. En el caso planteado:

- Consta que la trabajadora **está embarazada y que el embarazo es de riesgo** en el momento del cese.

- El empleador y su esposa **conocen la situación**, dado que la propia trabajadora se la comunica con semanas de antelación.

- La decisión extintiva es **injustificada y verbal, carente de cobertura disciplinaria u objetiva**.

Conforme a la doctrina tomada como referencia para la resolución de este caso práctico, el despido debe ser calificado como **nulo por embarazo** (nulidad objetiva), y no meramente improcedente, al concurrir el presupuesto temporal (trabajadora embarazada) y la ausencia de causa válida.

4. ¿Readmisión forzosa o indemnización sustitutoria en el servicio del hogar familiar?

En la relación laboral especial del servicio del hogar familiar, incluso cuando el despido de la empleada embarazada es declarado nulo, no hay readmisión forzosa; la consecuencia es económica (indemnización y salarios de tramitación), no la vuelta obligatoria al puesto. La consecuencia ordinaria del despido nulo es la **readmisión inmediata con abono de salarios de tramitación** (art. 55.6 del ET). Sin embargo, en la relación especial de servicio del hogar, la **peculiaridad del ámbito de prestación —el domicilio familiar— y**

el derecho a la intimidad familiar condicionan la viabilidad de una readmisión forzosa.

Declara la **nulidad del despido** de una empleada de hogar embarazada se sustituye la **readmisión forzosa** por el abono de una **indemnización equivalente a la del despido improcedente**, según la regulación vigente (actualmente, régimen del art. 56 del ET y D.T. 5.ª de la Ley 3/2012).

5. Cálculo de la indemnización sustitutoria aplicando la DT 5.ª de la Ley 3/2012

Para un despido producido en 2014, la indemnización por despido improcedente (que se toma como referencia para la indemnización sustitutoria en el caso de despido nulo sin readmisión) se calcula conforme a la **Disposición transitoria 5.ª de la Ley 3/2012, de 6 de julio**:

- **45 días de salario por año de servicio** por el tiempo de prestación anterior al 12 de febrero de 2012.

- **33 días de salario por año de servicio** por el tiempo de prestación posterior al 12 de febrero de 2012.

- Con el **límite máximo de 720 días de salario**, salvo que del cálculo correspondiente al periodo anterior a 12-02-2012 resultase un número de días superior, en cuyo caso se aplicará ese número de días como tope, sin superar nunca las 42 mensualidades.

Siguiendo los datos de del caso práctico planteado:

- Antigüedad reconocida: desde el 2 de septiembre de 2007.
- Fecha de despido: 1 de julio de 2014.
- Salario mensual (con prorrata de extras): 585 euros.
- Salario diario: 585 / 30 = 19,50 euros (en la sentencia se toma una cifra muy próxima: 19,23 €/día).

1) Periodo anterior al 12-02-2012 (45 días/año): aproximadamente 4 años y 5 meses.

Desde el 2-09-2007 al 11-02-2012:

- De 02-09-2007 a 02-09-2011: 4 años completos.
- De 02-09-2011 a 11-02-2012:
  - 02-09-2011 a 02-02-2012: 5 meses completos.
  - 02-02-2012 a 11-02-2012: 9 días.

Convertimos a años

- 4 años completos.
- 5 meses /12 = 0,4167 años.
- 9 días/365 = 0,0247 años.

- Total años trabajados en este tramo: 4 + 0,4167 + 0,0247 = 4,4414 años.

Aplicamos 45 días por año de servicio:

- 4,414 años × 45 días/año = 200 días.
- 200 días × 19,23 €/día = **3.846,00 euros.**

2) Periodo posterior al 12-02-2012 (33 días/año): aproximadamente **2 años y 4,5 meses**

Desde 12-02-2012 hasta 01-07-2014:

- De 12-02-2012 a 12-02-2014: 2 años completos.
- De 12-02-2014 a 01-07-2014:
  - 12-02-2014 a 12-06-2014: 4 meses completos.
  - 12-06-2014 a 01-07-2014: 19 días.

Convertimos a años:

  - 2 años completos.
  - 4 meses = 4/12 = 0,34 años.
  - 19 días = 19/365 = 0,0521 años.
- Total años trabajados en este tramo: 2 + 0,34 + 0,0521 = 2,3854 años.

Aplicamos 33 días por año de servicio:

- 2,3854 años × 33 días/año = 79 días.
- 79 días × 19,23 euros/día = **1.519,17 euros.**

3) Suma de ambos tramos

  - Tramo 1 (45 días/año): 3.846,00 euros.
  - Tramo 2 (33 días/año): 1.519,17 euros.
- **Indemnización total: 5.355,55 euros.**

Caso práctico | Improcedencia de despido disciplinario de empleada de hogar por incumplimiento de los requisitos formales

PLANTEAMIENTO

Una trabajadora presta servicios como empleada de hogar para una familia desde el 1 de marzo de 2007, con contrato indefinido a tiempo parcial de 25 horas semanales y salario mensual con prorrata de pagas extras.

El 20 de noviembre de 2025 la empleadora, ante unos hechos que considera constitutivos de sustracción de enseres del hogar, decide poner fin a la relación laboral sin seguir los requisitos formales del despido disciplinario: da de baja a la trabajadora en la Seguridad Social y le remite una carta para que firme, en la que se consigna una baja voluntaria y el abono de la liquidación, sin que conste el pago de los salarios debidos ni la firma de la trabajadora. No se entrega comunicación escrita de despido disciplinario con expresión de los hechos y su fecha de efectos.

Posteriormente, al no haber firmado la trabajadora la baja voluntaria, el 4 de enero de 2026 la empleadora le remite por burofax una nueva carta en la que, de forma extensa, le comunica nuevamente la extinción del contrato por despido disciplinario, con efectos de ese mismo día, describiendo los hechos que se imputan como incumplimiento contractual muy grave.

Entre el 20 de noviembre de 2025 (primer despido de hecho) y el 4 de enero de 2026 (segundo despido por escrito):

- La empleadora no mantiene de alta a la trabajadora en la Seguridad Social.
- No le abona ni pone a su disposición los salarios correspondientes a los días intermedios.
- El segundo despido se comunica transcurridos más de 20 días desde el primero.

La trabajadora impugna el despido solicitando que se declare su improcedencia y la condena a la empleadora al abono de la indemnización por despido improcedente o, en su caso, a la readmisión con salarios de tramitación.

- 1. ¿Qué requisitos formales debe cumplir el despido disciplinario en el ámbito del servicio del hogar familiar?

- **2. ¿Qué consecuencias tiene el incumplimiento de dichos requisitos según el Estatuto de los Trabajadores y el Real Decreto 1620/2011?**
- **3. ¿Cómo afecta a la validez del segundo despido disciplinario el hecho de que se haya efectuado fuera del plazo de 20 días y sin mantener el alta en Seguridad Social ni abonar los salarios intermedios?**

RESPUESTA

El despido disciplinario de la empleada de hogar debe declararse improcedente, al no haberse cumplido los requisitos formales exigidos para el primer despido ni los requisitos estrictos que el Estatuto de los Trabajadores impone para la eficacia del segundo despido subsanador.

La respuesta a este supuesto práctico se desarrolla conforme al criterio de la STSJ de Cataluña n.º 135/2026, de 14 de enero, ECLI:ES:TSJCAT:2026:98 (analizando un supuesto similar).Conforme al marco normativo y al criterio de este fallo:

- El despido producido el 20/11/2025, sin carta de despido disciplinario y bajo la apariencia de una baja voluntaria no firmada, es un **despido tácito** y debe declararse **improcedente** por incumplimiento de los requisitos formales del art. 55.1 ET en relación con el art. 11.1 del RD 1620/2011.

- El segundo despido comunicado el 04/01/2026 **no es válido como despido subsanador** al haberse incumplido los tres requisitos del art. 55.2 del ET (plazo de 20 días, pago de salarios intermedios y mantenimiento del alta en Seguridad Social), por lo que no puede surtir ningún efecto.

- Aun en el caso de considerarse formalmente correcto, la falta de prueba suficiente de los hechos imputados en la carta de despido determina también la **improcedencia** del despido disciplinario.

- La trabajadora tiene derecho a que se declare la **improcedencia del despido** y, en consecuencia, a la aplicación del **art. 56 ET**:

  - **Opción** de la empleadora, en el plazo legal, entre la readmisión de la trabajadora con abono de los salarios de tramitación o el pago de la **indemnización por despido improcedente** que corresponda según su antigüedad y salario.

  - En caso de opción por la readmisión, abono de los **salarios dejados de percibir** desde la fecha del despido hasta la efectiva reincorporación.

1. Requisitos formales del despido disciplinario en el servicio del hogar familiar

Como hemos tratado a lo largo de la obra, la relación laboral de carácter especial del servicio del hogar familiar se rige por el **Real Decreto 1620/2011, de 14 de noviembre.** El art. 3 de este real decreto establece que, con carácter supletorio y en lo que resulte compatible, será de aplicación la normativa laboral común, es decir, el **Estatuto de los Trabajadores (ET).**

En materia de despido disciplinario, resulta de aplicación el **art. 55.1 del ET**, en relación con el **art. 11.1 del RD 1620/2011**:

- **Comunicación escrita** al trabajador, debiendo figurar en la carta de despido:
  - La **detallada descripción de los hechos** que se imputan al trabajador y que se consideran constitutivos de incumplimiento grave y culpable.
  - La **fecha de efectos** del despido.
- Respeto, en su caso, de las exigencias adicionales que puedan derivarse de la normativa aplicable (por ejemplo, comunicación a representantes legales en el ámbito de la relación laboral común, no relevante en el servicio del hogar familiar por su propia configuración).

En la relación especial del servicio del hogar familiar no se añade, respecto del despido disciplinario, un régimen formal distinto al general, por lo que rige plenamente el **art. 55 del ET** en cuanto a la forma y efectos del despido disciplinario.

2. Consecuencias del incumplimiento de los requisitos formales

El **art. 55.1 del ET** exige expresamente la forma escrita y la concreción de hechos y fecha de efectos. Cuando el empresario no observa estas exigencias, entra en juego el régimen del **art. 55.2 del ET** (despido subsanador) y, en su defecto, la calificación de improcedencia.

En el supuesto analizado:

- El 20/11/2025 se produce una **extinción de hecho** de la relación laboral (baja en Seguridad Social y ausencia de prestación de servicios), sin carta de despido disciplinario ni expresión escrita de las causas.
- La comunicación remitida para que la trabajadora firmara una **baja voluntaria** no cumple la función ni los requisitos de una carta de despido disciplinario conforme al art. 55.1 del ET y al art. 11.1 del RD 1620/2011.

Esta primera extinción constituye un **despido tácito** decidido unilateralmente por la empleadora y debe calificarse de **improcedente**, al haberse producido «sin dar cumplimiento a las exigencias formales establecidas en el art. 55.1 del ET, en relación al art. 11.1 del RD 1620/2011.

Por tanto, la falta de carta de despido disciplinario, con hechos y fecha de efectos, determina la **improcedencia del despido**, con las consecuencias previstas en el **art. 56 del ET**: opción entre readmisión con abono de salarios de tramitación o extinción indemnizada.

A TENER EN CUENTA. El artículo 11.1 del RD 1620/2011 establece que, en caso de incumplimiento de los requisitos formales, se presume que el empleador ha optado por el régimen extintivo del despido regulado en el ET.

---

3. Segundo despido y requisitos del art. 55.2 del ET: plazo, salarios intermedios y alta en Seguridad Social

El **art. 55.2 del ET** permite al empresario, cuando ha realizado un despido disciplinario sin cumplir los requisitos formales del art. 55.1 del ET, efectuar un **nuevo despido subsanador**, pero bajo condiciones muy estrictas:

- **Plazo de 20 días**: el nuevo despido solo cabrá efectuarlo «en el plazo de veinte días, a contar desde el siguiente al del primer despido».

- **Salarios intermedios**: al realizar el nuevo despido, el empresario debe «poner a disposición del trabajador los salarios devengados en los días intermedios», es decir, los transcurridos entre el primer y el segundo despido.

- **Mantenimiento del alta en la Seguridad Social**: el trabajador debe mantenerse «durante los mismos en alta en la Seguridad Social».

- El nuevo despido «**solo surtirá efectos desde su fecha**» si se cumplen todos estos requisitos.

En el caso planteado, el segundo despido comunicado por burofax el 4/01/2026 no cumple ninguna de estas exigencias:

- Se notifica **transcurridos más de 20 días** naturales desde el primer despido (20/11/2025), incumpliendo el plazo máximo para la subsanación.

- No se acredita el **pago ni la puesta a disposición de los salarios devengados** en los días intermedios.

- No se mantiene a la trabajadora **en alta en la Seguridad Social** durante ese periodo intermedio.

Para que el segundo despido pueda considerarse despido subsanador del primero, **deben concurrir cumulativamente** los tres requisitos del art. 55.2 del ET (plazo, salarios intermedios, alta en Seguridad Social). En el caso , al haberse incumplido todos ellos, la segunda comunicación extintiva **no puede surtir ningún efecto**.

En definitiva, en el ámbito del servicio del hogar familiar, el empresario que decide despedir disciplinariamente debe extremar el cumplimiento de las **formas legales** del despido y, si pretende subsanar defectos formales, respetar estrictamente el **art. 55.2 del ET**, so pena de que el despido sea calificado de **improcedente** con las consecuencias indemnizatorias o readmisorias previstas en el Estatuto de los Trabajadores.

Caso práctico | Error excusable en la indemnización por desistimiento en empleada de hogar

PLANTEAMIENTO

En enero de 2026, una persona empleadora decide poner fin a la relación especial de empleo de hogar por pérdida de confianza y cambios en la organización familiar.

La empleadora, sin conocimientos jurídicos ni asesoramiento profesional, calcula la antigüedad, y por tanto la indemnización correspondiente de forma errónea.

La trabajadora impugna la extinción por despido, alegando que la indemnización abonada es insuficiente porque no se ha tenido en cuenta toda su antigüedad real y que, de acuerdo con el art. 11.4 del RD 1620/2011, la falta de puesta a disposición correcta de la indemnización determina que la extinción no pueda calificarse como desistimiento sino como despido, que además solicita se declare nulo por encontrarse en situación de reducción de jornada por cuidado de hijo menor y por aplicación del art. 55.5 b) del Estatuto de los Trabajadores (ET).

- ¿La doctrina del «error excusable» en el cálculo de la indemnización por despido se aplica también a las extinciones de empleados de hogar por desistimiento, de manera que sea obligatorio analizar si el error en la indemnización es excusable o no para decidir si estamos ante un desistimiento o ante un despido?

- En un caso como el descrito, ¿puede el órgano judicial calificar directamente la extinción como despido (y después, eventualmente, como nulo) sin entrar a valorar si el error en la indemnización es excusable?

RESPUESTA

Sí. La doctrina del «error excusable» se aplica plenamente a las extinciones de empleados de hogar por desistimiento. Para poder calificar la extinción como despido y no como desistimiento es obligatorio que el órgano judicial valore expresamente si el error en el cálculo de la indemnización es excusable o inexcusable.

Solo si el error no es excusable, el desistimiento se «transmuta» en despido. Si el error sí es excusable, la extinción sigue siendo un desistimiento y no un despido, por lo que no cabe entrar a calificar de nulo un despido que, en realidad, no existe.

Los art. 11.3 y 11.4 del Real Decreto 1620/2011, de 14 de noviembre diseñan una regla específica para la relación laboral especial del servicio del hogar familiar:

- **Regla general**: falta total o defectuosa puesta a disposición de la indemnización → se presume despido.

- **Correctivo**: si la insuficiencia deriva de un **error excusable** en el cálculo → la extinción se mantiene como **desistimiento**, sin conversión en despido.

Esta doctrina, ya clásica en el ámbito general de los despidos objetivos/indemnizaciones, ha sido ratifica expresamente para la relación especial de empleados de hogar por la **STS n.° 720/2024, de 22 de mayo, ECLI:ES:TS:2024:2899**, al aplicar el art. 11.4 RD 1620/2011 y exigir que los tribunales valoren si el error es o no excusable antes de calificar la extinción como despido (y luego como nulo o improcedente). En concreto, el TS razona que:

- Conforme al **art. 11.4 RD 1620/2011**, «solo cabe hablar de despido y no de desistimiento si el error en el cálculo de la indemnización no es excusable». De ahí que «no cabe llegar a la conclusión de que se trata de un despido sin antes haber examinado —y descartado— que el error fuera excusable».

- La sentencia de instancia había considerado el error como no excusable; sin embargo, el recurso de suplicación cuestionaba precisamente esa conclusión, y el TSJ no podía eludir su análisis calificando la cuestión como «innecesaria».

En el supuesto descrito, conforme a la doctrina de la STS 720/2024 y al tenor literal del art. 11.4 RD 1620/2011, el TIS **no puede calificar automáticamente la extinción como despido** por la sola existencia de una indemnización mal calculada. Antes, debe analizar si el defecto en la indemnización obedece a un **error excusable** o a un **error inexcusable** en el cálculo.

A TENER EN CUENTA. Solo si el error es inexcusable (por ejemplo, cuando el empleador conoce o debe conocer claramente la antigüedad real, dispone de la información adecuada y aun así reduce deliberada o gravemente la indemnización) la extinción por desistimiento se convierte en **despido** (art. 11.4, párr. 1° RD 1620/2011). Si, por el contrario, el error puede considerarse **excusable** (por ejemplo, cuando hay una controversia razonable sobre la antigüedad, el empleador se guía por la fecha que figura en contrato/alta, carece de conocimientos técnico-jurídicos y no hay indicios de voluntad de eludir el pago), la extinción **permanece como desistimiento** (art. 11.4, párr. 2° RD 1620/2011).

En definitiva, la doctrina del «error excusable» **es plenamente aplicable** a las extinciones de empleados de hogar por desistimiento, y constituye un paso previo e ineludible para decidir si la extinción conserva la naturaleza de desistimiento o se transforma en despido.

Caso práctico | Despido verbal de empleada de hogar interna con pernocta y pacto de presencia

PLANTEAMIENTO

María es contratada como empleada de hogar interna por la familia López el 1 de enero de 2022. La relación laboral se formaliza por escrito como relación laboral especial del servicio del hogar familiar, estableciéndose las siguientes condiciones:

- Régimen de interna con pernocta en el domicilio de la familia López, donde presta servicios domésticos (limpieza, cocina, plancha) y de cuidado personal de los menores.

- Pacto expreso de presencia: se acuerda que María realizará 10 horas semanales de presencia, distribuidas de lunes a viernes, fuera de su jornada ordinaria, con una retribución adicional fija de 200 euros mensuales por dichas horas.

- Jornada pactada: 40 horas semanales de trabajo efectivo, distribuidas de lunes a viernes.

- Salario pactado: 1.300 euros brutos mensuales en 12 pagas (incluida la prorrata de pagas extraordinarias) por la jornada completa, más 200 euros mensuales brutos por las horas de presencia, también en 12 pagas.

En la práctica, María pernocta de lunes a viernes en el domicilio, teniendo libre desde el viernes a las 20:00 hasta el domingo a las 20:00.

El 15 de octubre de 2023, la familia López le comunica verbalmente que, por un cambio en la organización familiar (los abuelos se trasladan al domicilio para asumir parte de los cuidados), prescindirán de sus servicios con efectos inmediatos. No se entrega carta de despido, no se hace referencia a causa concreta escrita, no se le pone a disposición indemnización alguna y no se respeta plazo de preaviso. María abandona el domicilio ese mismo día, tras recoger sus pertenencias. En la fecha del cese se le adeudan:

- El salario de 15 días de octubre de 2023.

- Las vacaciones de 2023 devengadas y no disfrutadas (20 días naturales).

María presenta demanda solicitando:

- La declaración de improcedencia del despido, al no haberse cumplido los requisitos del artículo 11 del Real Decreto 1620/2011 (falta de forma escrita y de puesta a disposición de indemnización).

- La condena al abono de la indemnización correspondiente, calculada sobre todo lo que percibía (salario base + presencia), más salarios pendientes y vacaciones.

La familia López se opone alegando que la relación era a jornada completa, pero las horas de presencia no son tiempo de trabajo y no deben computarse ni a efectos de jornada ni como salario regulador para la indemnización. A juicio de la persona empleadora la pernocta se compensa en especie con el alojamiento y manutención, por lo que no genera derecho retributivo adicional ni debe influir en el cálculo indemnizatorio y la indemnización, en su caso, debería calcularse solo sobre los 1.300 euros mensuales, sin incluir los 200 euros de presencia.

Con estos datos, se plantean las siguientes cuestiones:

- 1. ¿Cómo debe determinarse el salario regulador de María a efectos de indemnización, salarios pendientes y vacaciones? En particular, ¿deben incluirse los 200 euros mensuales por horas de presencia?

- 2. Al no existir comunicación escrita ni puesta a disposición de indemnización, ¿qué calificación procede del cese y qué régimen indemnizatorio es aplicable?

- 3. ¿Cómo deben calcularse, en términos prácticos, la indemnización por despido, los salarios pendientes de octubre de 2023 y las vacaciones devengadas y no disfrutadas, tomando como referencia la jornada y salario pactados?

- 4. ¿Tiene alguna incidencia el tiempo de pernocta en el cómputo de jornada o en la cuantía del salario regulador en este supuesto?

RESPUESTA

1. Calificación del cese y régimen aplicable

El cese comunicado verbalmente el 15 de octubre de 2023, sin carta escrita, sin expresión de causa ni puesta a disposición simultánea de indemnización, constituye un **despido de hecho** o **despido tácito** de una relación laboral especial del hogar familiar.

Conforme al **art. 11 del Real Decreto 1620/2011, de 14 de noviembre**:

- La extinción por las causas específicas del hogar familiar (art. 11.2) exige **comunicación escrita** con expresión clara de la causa y **puesta a disposición simultánea** de la indemnización de **12 días/año** (límite 6 mensualidades).

- El **art. 11.3** dispone que, **si se incumplen los requisitos relativos a la forma escrita o a la puesta a disposición de la indemnización**, se presumirá que la persona empleadora ha optado por el **régimen extintivo del despido regulado en el Estatuto de los Trabajadores**.

Al no haberse cumplido dichos requisitos formales, debe aplicarse el **régimen general de despido del ET**, de manera que, en ausencia de causa disciplinaria u objetiva acreditada, el cese debe calificarse como **despido improcedente**, con derecho a la indemnización prevista en el **art. 56.1 del Estatuto de los Trabajadores**: **33 días de salario por año de servicio** (con los límites temporales y cuantitativos generales), sin salarios de tramitación si la parte empleadora opta por la indemnización.

2. Determinación del salario regulador: inclusión de las horas de presencia

En el régimen especial del hogar familiar, el salario se rige por el **art. 8 del Real Decreto 1620/2011, de 14 de noviembre** y, supletoriamente, por el **Estatuto de los Trabajadores**. El precepto exige que la retribución no sea inferior al SMI en cómputo anual para jornada completa, permitiendo mejoras por pacto individual.

En el caso planteado:

- Existe un **salario mensual fijo de 1.300 euros** por las 40 horas semanales de trabajo efectivo.

- Existe, además, una **retribución mensual fija de 200 euros** por las **10 horas semanales de presencia** pactadas (art. 9.2 del Real Decreto 1620/2011, de 14 de noviembre). Estas horas, aunque conceptualmente distintas del «tiempo de trabajo efectivo», son **tiempo de presencia pactado y retribuido**, con salario no inferior a la hora ordinaria.

La doctrina judicial distingue claramente entre:

- **Pernocta**: presencia física durante la noche sin pacto de disponibilidad o sin prueba de actividad, que puede configurarse como salario en especie (alojamiento), y que **no se computa como tiempo de trabajo ni de presencia retribuida** si no hay pacto ni prueba de actividad (**STSJ de Andalucía n.º 2566/2025, de 14 de noviembre, ECLI:ES:TSJAND:2025:17742**). En esa sentencia se niega que la simple pernocta convierta las horas nocturnas en tiempo de presencia retribuido cuando no se ha pactado ni acreditado tal disponibilidad.

- **Tiempos de presencia**: periodos en que la persona trabajadora **está a disposición del empleador** sin prestar trabajo efectivo, que **deben ser expresamente pactados** en cuanto a duración, distribución y retribución (arts. 5.4 y 9.2 RD 1620/2011). Estas horas son **remuneradas** y forman parte del salario.

En nuestro supuesto **existe un pacto expreso de presencia** (10 horas semanales retribuidas con 200 euros mensuales). Esa retribución:

- Es **salario en sentido estricto** (art. 26 del ET): remuneración de un periodo de disponibilidad a favor del empleador.

- Debe integrarse en el **salario regulador** a efectos de indemnización, salarios pendientes y vacaciones, al formar parte de la remuneración ordinaria y habitual de la trabajadora.

Por tanto, el **salario mensual total** de María a efectos de cálculo es:

- **1.300 € (trabajo efectivo) + 200 € (presencia) = 1.500 €/ mes brutos en 12 pagas.**

El **salario diario regulador**, en ausencia de otra base, se obtiene dividiendo la remuneración mensual entre 30 días:

- **Salario diario = 1.500 € / 30 = 50 € / día.**

El tiempo de pernocta, en sí mismo, **no incrementa** el salario regulador, salvo que se hubiera pactado una retribución específica o se hubiera acreditado que encubre horas de presencia o trabajo efectivo, lo que aquí no se plantea.

3. Cálculo de la indemnización por despido improcedente

Antigüedad: del **1 de enero de 2022** al **15 de octubre de 2023**.

- Año 2022 completo: 12 meses.

- Año 2023 hasta el 15 de octubre: 9 meses y medio aproximadamente.

A efectos prácticos, y siguiendo el criterio de prorrateo por meses completos habitual, puede computarse una antigüedad de **1 año y 9 meses ≈ 1,75 años**.

La indemnización por despido improcedente se calcula conforme al **art. 56.1 del ET** (33 días/año):

- **Indemnización = 33 días × años de servicio × salario diario.**

Aplicando los datos del caso:

- **Días indemnizatorios** = 33 × 1,75 = 57,75 días (que pueden redondearse a 58 días).

- **Cuantía indemnizatoria** = 57,75 días × 50 €/día = 2.887,50 € (si se redondea a 58 días: 58 × 50 = 2.900 €).

Esta indemnización **debe calcularse sobre el salario total (1.500 €)**, incluyendo la retribución de las horas de presencia, pues forma parte de la remuneración ordinaria y habitual, y así lo ha entendido la STSJ de Madrid 503/2025 cuando integra en la base indemnizatoria todo el salario anual percibido por la empleada de hogar.

4. Salarios pendientes y vacaciones devengadas

a) Salarios pendientes

En el momento del cese se adeudan **15 días de salario de octubre de 2023**. El salario diario regulador es de 50 €/día:

- **Salario pendiente = 15 días × 50 €/día = 750 €**.

Esta cuantía incluye proporcionalmente la parte correspondiente a la retribución por presencia, al haberla integrado ya en el salario mensual de 1.500 €.

b) Vacaciones devengadas y no disfrutadas

Se indican **20 días naturales de vacaciones devengadas y no disfrutadas** a la fecha del cese.

Con arreglo al **art. 8 del RD 1620/2011** y al **art. 38 del ET**, las vacaciones deben retribuirse con el salario ordinario que hubiera correspondido de haber trabajado: esto incluye tanto el salario base como los complementos salariales habituales, y, en el servicio del hogar, la retribución de presencia cuando sea un concepto fijo y periódico.

En el caso de María, su salario ordinario mensual de referencia es de 1.500 €, por lo que:

- **Retribución diaria de vacaciones = 1.500 € / 30 = 50 €/día**.
- **Vacaciones a abonar = 20 días × 50 €/día = 1.000 €**.

En consecuencia, las **horas de presencia retribuidas sí deben integrarse en el cálculo de las vacaciones**, al formar parte de la remuneración normal y periódica de la trabajadora.

5. Incidencia de la pernocta

Conforme a la doctrina , la mera existencia de un pacto de pernocta **no convierte** automáticamente las horas nocturnas en «tiempo de presencia» ni en **tiempo de trabajo efectivo**. Requiere, para ser considerada como tiempo de presencia con derecho a remuneración adicional, que **exista pacto expreso** (art. 5.4 y 9.2 RD 1620/2011) o, en su defecto, **prueba suficiente** de que la trabajadora estaba efectivamente a disposición del empleador (por ejemplo, vigilante o atendiendo llamadas durante la noche). (STSJ de Andalucía n.° 2566/2025, de 14 de noviembre, ECLI:ES:TSJAND:2025:17742).

En nuestro caso, la **pernocta es una condición de la relación de interna**, presumiblemente compensada en especie (alojamiento y manutención) hasta el límite del 30 % del salario total (art. 8.2 del RD 1620/2011), pero:

- **No influye, por sí sola**, en el cálculo de la jornada ni del salario regulador.

- Solo podría tener relevancia si se hubiera pactado o acreditado que encubre **tiempos de presencia o de trabajo efectivo** no retribuidos, lo que no se discute en este supuesto.

A modo de conclusión:

- **La jornada y el salario pactados** (40 horas de trabajo efectivo + 10 horas de presencia retribuida por 200 €/mes) son la **referencia básica** para todos los cálculos: indemnización, salarios pendientes y vacaciones.

- El **salario regulador** debe integrar tanto el salario base de trabajo efectivo (1.300 €) como la retribución por horas de presencia (200 €): **1.500 €/mes → 50 €/día.**

- El cese verbal sin carta ni indemnización, tras la reforma del **RD-ley 16/2022**, se somete al **régimen general del despido** del ET (art. 11.3 RD 1620/2011), debiendo calificarse como **improcedente** con una indemnización de **33 días/año.**

- En el caso, la indemnización asciende aproximadamente a **2.887,50 € – 2.900 €**, en función del prorrateo exacto de la antigüedad.

- Los **salarios pendientes** (15 días de octubre) deben abonarse por **750 €**, y las **vacaciones devengadas** (20 días) por **1.000 €**, computando en ambos casos la retribución de presencia.

- La **pernocta** es una condición relevante para calificar la relación como **empleada de hogar interna**, pero **no se computa** como tiempo de trabajo ni de presencia retribuida si no existe pacto ni prueba de disponibilidad efectiva, tal y como ha precisado la **STSJ de Andalucía n.º 2566/2025.**

Caso práctico | Redacción de la carta de extinción de contrato de empleada de hogar tras la reforma del RD 1620/2011

PLANTEAMIENTO

Doña Carmen tiene contratada desde el 1 de marzo de 2020 a doña Elena como empleada de hogar externa, 30 horas semanales, para limpieza y apoyo en el cuidado de dos hijos menores, con salario mensual de 900 euros en 12 pagas. La relación está correctamente formalizada y de alta en el Sistema Especial de Empleados de Hogar.

En 2025 concurren distintas situaciones que llevan a Doña Carmen a plantearse la extinción del contrato y a pedir asesoramiento sobre cómo redactar correctamente la carta, sabiendo que, tras la reforma operada por el RDL 16/2022 en el art. 11 del RD 1620/2011, ya no existe el desistimiento libre y debe justificar una de las causas específicas con indemnización reducida, o acudir al régimen general de despido del ET:

Escenario A (disminución de ingresos e incremento de gastos): el esposo de Carmen pierde su empleo indefinido a jornada completa en septiembre de 2025 y pasa a percibir únicamente prestación por desempleo. Además, en octubre de 2025 se produce una avería grave en la vivienda (humedades estructurales) que obliga a asumir un coste extraordinario de reparación de 18.000 euros en varios meses.

Escenario B (modificación sustancial de necesidades de la unidad familiar): en enero de 2026 los dos hijos empiezan a acudir a jornada completa al comedor del colegio y a actividades extraescolares hasta las 18:00 horas, de forma estable, lo que reduce notablemente la necesidad de cuidado en el domicilio. Paralelamente, se contrata un servicio de limpieza semanal con una empresa externa por 2 horas/semana.

Escenario C (pérdida de confianza): Carmen detecta, mediante comprobación de recibos y conversación con una vecina, que Elena ha estado utilizando de forma reiterada la tarjeta de puntos del supermercado de la familia para canjear descuentos y productos para sí misma sin autorización, y ha comentado en el portal detalles de discusiones de pareja ocurridas en el domicilio. No existen hurtos ni agresiones, pero Carmen considera quebrada la confianza.

1. **Escenario D (defectos formales):** en un primer intento apresurado, Carmen entrega a Elena un *WhatsApp* indicándole simplemente «no podemos seguir contando contigo a partir del mes que viene» sin carta escrita, sin expresión de causa y sin poner a disposición indemnización alguna, pretendiendo «arreglarlo» en metálico el último día.

Carmen quiere saber, de forma práctica y concreta, cómo debe redactar la carta de extinción en cada uno de los escenarios A, B y C para ajustarse al art. 11.2 del RD 1620/2011 (con indemnización de 12 días/año), y qué ocurriría jurídicamente si mantiene el proceder del escenario D. Desea ejemplos de fórmulas de redacción y advertencias sobre los errores más habituales.

RESPUESTA

En los escenarios A, B y C la carta debe redactarse como extinción al amparo del art. 11.2 del RD 1620/2011, indicando de forma clara y detallada la causa específica (disminución de ingresos/incremento de gastos; modificación sustancial de necesidades; pérdida de confianza), fijando la fecha de efectos, respetando el preaviso (7 o 20 días) y poniendo simultáneamente a disposición la indemnización de 12 días de salario por año de servicio (límite 6 mensualidades). En el escenario D, la falta de carta escrita y de puesta a disposición de la indemnización desplaza el régimen al despido del ET, con alto riesgo de calificación de improcedencia e indemnización de 33 días/año.

1. Requisitos formales comunes de la carta (art. 11.2 y 11.3 del RD 1620/2011)

Con independencia de la causa concreta (letras a), b) o c) del art. 11.2 RD 1620/2011), la carta de extinción en el servicio del hogar debe cumplir SIEMPRE los siguientes requisitos:

- **Forma escrita**: comunicación por escrito, con fecha y firma de la persona empleadora.

- **Identificación de las partes**: nombre y apellidos de empleadora y trabajadora, domicilio donde se presta el servicio, fecha de inicio del contrato.

- **Expresión clara e inequívoca de la voluntad extintiva**: debe constar que se da por finalizada la relación laboral.

- **Concreción de la causa**: debe indicarse expresa y detalladamente si concurre:

  - **Disminución de ingresos o incremento de gastos por circunstancia sobrevenida** (letra a).

- **Modificación sustancial de las necesidades de la unidad familiar** (letra b).
- **Comportamiento de la trabajadora que fundamenta razonable y proporcionadamente la pérdida de confianza** (letra c).

• **Fecha de efectos**: determinación de la fecha final de la relación, respetando el preaviso:

- **20 días** si la antigüedad supera 1 año.
- **7 días** en los demás casos.

• **Puesta a disposición simultánea de la indemnización**: 12 días de salario por año de servicio, con el límite de 6 mensualidades, calculada sobre la retribución total (incluida prorrata de pagas extra y, en su caso, manutención/alojamiento).

• **Oferta de licencia de 6 horas semanales durante el preaviso** para búsqueda de empleo (si la jornada es a tiempo completo).

• **Conservación de justificante**: copia firmada por la trabajadora «a efectos de recepción» o burofax con acuse de recibo.

El **art. 11.3 del RD 1620/2011** establece que, si se incumplen la forma escrita o la puesta a disposición de la indemnización, **se presume que se ha optado por el régimen del despido del ET**, con las consecuencias indemnizatorias correspondientes (33 días/año por improcedencia, según doctrina fijada, entre otras, por la **STS n.º 720/2024, de 22 de mayo, ECLI:ES:TS:2024:2899**).

2. Escenario A: carta por disminución de ingresos / incremento de gastos [art. 11.2.a) del RD 1620/2011]

Supuesto: despido objetivo específico por pérdida del empleo del esposo y gastos extraordinarios de reparación.

Redacción orientativa de la carta (adaptable al formulario genérico):

«D.ª Carmen [apellidos], con DNI [NÚM.], empleadora en el hogar sito en [domicilio], en [localidad],
En [LOCALIDAD], a [fecha de la carta]
A la atención de D.ª Elena [apellidos], empleada de hogar, DNI [NÚM.].
Muy señora mía:
Por medio de la presente, y de conformidad con lo dispuesto en el art. 11.2.a) del Real Decreto 1620/2011, de 14 de noviembre, y en el art. 49 del Estatuto de los Trabajadores, vengo a comunicarle mi decisión de **extinguir la relación laboral** que nos une desde el día 1 de marzo de 2020, con efectos de [FECHA], por la siguiente **causa:**

- **Disminución de los ingresos de la unidad familiar e incremento de sus gastos por circunstancia sobrevenida.** En concreto:
  - » En fecha [FECHA] de septiembre de 2025, mi esposo, D. [NOMBRE], ha visto extinguido su contrato indefinido, pasando a percibir exclusivamente la prestación por desempleo, con una reducción significativa de los ingresos mensuales del hogar.
  - » Asimismo, en fecha [FECHA] de octubre de 2025 se ha producido una avería estructural grave en la vivienda (humedades en forjado y cubierta), que obliga a acometer obras de reparación con un presupuesto total de 18.000 euros, a satisfacer en varios pagos durante los próximos meses, como se acredita en los presupuestos y facturas adjuntos.
  - » La combinación de ambos factores hace económicamente inviable mantener el coste salarial y de cotización derivado de su puesto de trabajo en las condiciones actuales.»

Simultáneamente a la entrega de esta comunicación, pongo a su disposición la **indemnización legal** de [CANTIDAD] euros, equivalente a 12 días de salario por año de servicio, con el límite de seis mensualidades, calculada sobre su salario mensual de 900 euros en 12 pagas.

Habiendo superado usted un año de servicios, se le concede un **preaviso de 20 días,** por lo que la fecha de efectos será el día [FECHA], computado desde la recepción de esta carta. Durante dicho periodo y mientras se mantenga la jornada completa, podrá disfrutar, si así lo solicita, de una **licencia retribuida de seis horas semanales** para la búsqueda de un nuevo empleo.

Le ruego firme la copia adjunta de esta carta a los solos efectos de acreditar su recepción, sin que ello suponga aceptación del contenido.

Atentamente,

[FIRMA]

Persona empleadora».

Advertencias prácticas:

- Acompañar, si es posible, **documentación económica** (carta de despido del esposo, certificados de prestación, presupuestos/facturas de obras) que prueben la disminución de ingresos/incremento de gastos.

- Evitar fórmulas genéricas del tipo «no podemos seguir contando con sus servicios» sin concretar los elementos económicos.

- Calcular con precisión la indemnización (salario diario x 12 días x años), y entregar justificante de pago.

3. Escenario B: carta por modificación sustancial de las necesidades familiares [art. 11.2.b) del RD 1620/2011]

Supuesto: reducción real y estable de la necesidad de cuidado en el domicilio y externalización parcial de la limpieza.

Redacción orientativa:

«D.ª Carmen [APELLIDOS], con DNI [NÚM.], empleadora en el hogar sito en [domicilio], en [localidad],

En [LOCALIDAD], a [FECHA].

A la atención de D.ª Elena [APELLIDOS], empleada de hogar, DNI [NÚM.].

Muy señora mía:

Por medio de la presente, y de conformidad con lo dispuesto en el art. 11.2.b) del Real Decreto 1620/2011, de 14 de noviembre, y en el art. 49 del Estatuto de los Trabajadores, le comunico mi decisión de **extinguir su contrato de trabajo** con efectos de [fecha], por la siguiente **modificación sustancial de las necesidades de la unidad familiar:**

- Desde el mes de enero de 2026, mis dos hijos menores, D. [NOMBRE] y D. [NOMBRE], han pasado a utilizar el servicio de comedor escolar y actividades extraescolares hasta las 18:00 horas, de forma indefinida, lo que implica que la **necesidad de cuidado en el domicilio en horario de tarde ha desaparecido casi por completo.**
- Asimismo, a partir de [mes/año] he contratado un **servicio de limpieza semanal** con la empresa [NOMBRE], por 2 horas/semana, que cubre las tareas básicas de limpieza general de la vivienda.
- En estas circunstancias, la **carga de trabajo doméstico y de cuidado** que justificó la contratación inicial de un puesto de 30 horas semanales se ha visto reducida de manera relevante y estable, de forma que la unidad familiar ya no precisa sus servicios en el volumen actual.

En consecuencia, y al amparo del art. 11.2.b) citado, procedo a la extinción de la relación laboral.

Simultáneamente a la entrega de esta carta, pongo a su disposición la **indemnización legal** de [importe] euros, equivalente a 12 días de salario por año de servicio, con el límite de seis mensualidades.

Dado que su antigüedad supera el año, se fija un **preaviso de 20 días,** por lo que la fecha de efectos será el día [FECHA]. Durante el periodo de preaviso, manteniendo su jornada completa, podrá disfrutar, si así lo solicita, de una **licencia retribuida de seis horas semanales** para la búsqueda de empleo.

Le ruego firme la copia para acreditar la recepción.
[FIRMA]
Persona empleadora».

Advertencias prácticas:

* Es esencial que la modificación de necesidades sea **real, objetiva y estable** (no un cambio puntual).

* Conviene poder acreditar el cambio (certificados escolares, contrato con empresa de limpieza, etc.) en caso de impugnación.

* No debe utilizarse esta causa como «pantalla» para encubrir motivos disciplinarios o discriminatorios (edad, enfermedad, embarazo, etc.), pues podría derivar en despido nulo.

4. Escenario C: carta por pérdida de confianza [art. 11.2.c) del RD 1620/2011]

Supuesto: uso reiterado sin autorización de la tarjeta de puntos del supermercado y difusión de intimidad familiar.

Redacción orientativa:

«D.ª Carmen [APELLIDOS], con DNI [NÚM.], empleadora en el hogar sito en [domicilio], en [localidad],
En [LOCALIDAD], a [FECHA].
A la atención de D.ª Elena [APELLIDOS], empleada de hogar, DNI [NÚM.].
Muy señora mía:
Por medio de la presente, y de conformidad con lo dispuesto en el art. 11.2.c) del Real Decreto 1620/2011, de 14 de noviembre, y en el art. 49 del Estatuto de los Trabajadores, le comunico mi decisión de **extinguir la relación laboral** que nos une desde el 1 de marzo de 2020, con efectos de [FECHA], por **pérdida de confianza,** basada en los siguientes **hechos:**

* En diversas ocasiones, y al menos desde el mes de [MES] de 2025, usted ha **utilizado sin autorización** la tarjeta de puntos del supermercado [NOMBRE], de titularidad de esta familia, para canjear descuentos y productos en su propio beneficio, conducta confirmada por los extractos de la tarjeta y las manifestaciones de la empleada de caja/vecina D.ª [NOMBRE].
* Además, he tenido conocimiento, a través de la vecina D.ª [NOMBRE], de que usted ha **comentado a terceros** detalles de discusiones íntimas mantenidas en el domicilio entre mi marido y yo, vulnerando la **confidencialidad y reserva** que se espera en una relación de servicio del hogar familiar.»

Estos comportamientos, valorados en conjunto, **quiebran la confianza** *necesaria para mantener una relación* laboral de especial proximidad e intimidad como es el servicio del hogar familiar, fundamentando de manera razonable y proporcionada la pérdida de confianza a que se refiere el art. 11.2.c) del RD 1620/2011.

Simultáneamente a la entrega de esta carta, pongo a su disposición la **indemnización** de [importe] euros, equivalente a 12 días de salario por año de servicio, con el límite de seis mensualidades.

Se le concede un **preaviso de 20 días,** con fecha de efectos el día [FECHA].

Le ruego firme la copia adjunta a efectos de recepción.

Atentamente,

[FIRMA]

Persona empleadora».

Advertencias prácticas:

- La pérdida de confianza debe basarse en **hechos concretos y comprobables**, no en apreciaciones genéricas.

- Es recomendable conservar **prueba documental y testifical** (extractos de tarjeta, testigos, mensajes, etc.) ante una eventual demanda, siguiendo la lógica de la reciente doctrina (por ejemplo, STSJ Madrid n.º 577/2024, de 12 de septiembre, sobre pérdida de confianza en empleadas de hogar).

- Si los hechos constituyeran un **incumplimiento muy grave** (hurtos, agresiones, etc.), podría valorarse el **despido disciplinario** al amparo del ET, sin indemnización, aplicando la remisión del art. 11 RD 1620/2011 a la normativa común.

5. Escenario D: consecuencias de la falta de carta escrita y de indemnización (desplazamiento al ET)

Supuesto: comunicación por WhatsApp genérico, sin causa, sin carta, sin indemnización puesta a disposición.

Conforme al **art. 11.3 RD 1620/2011**:

«De incumplirse los requisitos relativos a la forma escrita de la comunicación de extinción o la puesta a disposición de la indemnización [...] se presumirá que la persona empleadora ha optado por la aplicación del **régimen extintivo del despido regulado en el ET.** Esta presunción no resultará aplicable por la no concesión del preaviso o el error excusable en el cálculo de la indemnización.»

En la práctica, esto supone que:

- La extinción se califica como **despido** sujeto al ET (arts. 54 a 56), no como extinción específica del art. 11.2.

- Si no se acredita una **causa disciplinaria u objetiva suficiente**, o se han vulnerado las formas (sin carta, sin fechas, sin hechos), el despido será **improcedente** y la indemnización será de **33 días de salario por año** (límite 24 mensualidades), calculada sobre el salario real, según la doctrina unificada (STS 720/2024, entre otras).

- El *WhatsApp* **genérico** no cumple el requisito de «comunicación por escrito con expresión de la causa» exigido por el art. 11.2, y la falta de indemnización simultánea activa la presunción del art. 11.3.

Por tanto, si Carmen mantiene el proceder del escenario D y Elena demanda, lo más probable es que:

- Se declare **improcedente** el despido.

- Se condene a Carmen a abonar la indemnización de 33 días/año (muy superior a los 12 días/año), o, en teoría, a readmitir (opción que en la práctica suele descartarse en el hogar familiar).

6. Errores frecuentes y pautas finales

Errores habituales en la práctica:

- No indicar ninguna causa («despido sin más»).

- Utilizar causas genéricas («motivos personales», «pérdida de confianza» sin hechos).

- No entregar la indemnización de 12 días/año en el mismo acto de la carta.

- No respetar el preaviso de 7 o 20 días, ni ofrecer su compensación económica.

- Comunicar el cese solo por vía verbal o mensajería instantánea, sin documento firmado o burofax.

Pautas prácticas:

- Utilizar un **modelo base** adaptando el cuerpo central a la causa concreta (a, b o c del art. 11.2).

- Describir los **hechos con fechas, importes y cambios objetivos**, evitando fórmulas vagas.

- Preparar y entregar en el mismo acto:
  - Carta firmada en duplicado.
  - Justificante de pago de indemnización (recibo, transferencia).
  - Liquidación/finiquito (salarios pendientes, vacaciones, pagas extra prorrateadas).

- Conservar siempre una **copia firmada** por la trabajadora «recibí» o acreditar el envío por **burofax con certificación de contenido**.

De este modo, Carmen minimizará el riesgo de impugnación exitosa y, en caso de demanda, contará con una base sólida para defender la procedencia de la extinción con indemnización de 12 días por año conforme al art. 11.2 del RD 1620/2011.